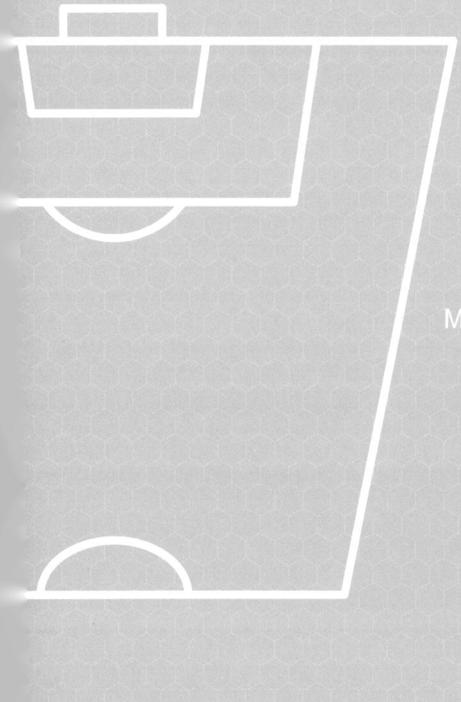

MANGA **SOCCER** PRIMER

就是愛踢足球！

讓你技巧進步的漫畫圖解足球百科

漫畫◎能田達規
構成◎大悠社
監修◎平野淳（Funroots）
翻譯◎陳姿瑄
審訂◎石明謹

前言

至今為止，我已和數千名足球小將一起追著球跑。看著那些孩子，我深刻理解到，足球踢得越好的選手，就越樂在其中。就是因為覺得踢球很開心，那些孩子才有辦法在團隊練習前後，獨自專注於鑽研擅長與不擅長的技巧，比他人累積數倍的練習，終於讓才能得到成熟發展。

想踢好足球，最佳的捷徑就是「享受踢球」。本書介紹了許多足球技術與練習方法，每一項都是基礎知識，無論在何時何地都可以自己一個人實行。首先，就先從和球培養感情開始吧！

沒有足球，人類依然能活下去。但是，透過足球有所收穫的時候，肯定會覺得能踢足球真的太棒了。來，大家一起在足球當中尋求喜悅吧！

平野 淳（Funroots代表）

*Funroots股份有限公司：透過足球教室與培訓課程等，培養孩童對足球的興趣，發揚足球運動。活躍範圍不僅限於日本，還有越南、柬埔寨、美國等。

登場人物

MANGA **SOCCER** PRIMER

豪田周人

足球新手，但經過與日出朝陽俱樂部的夥伴和哥哥健人一起練習，他逐漸體會到足球的樂趣。

赤坂千繪

日出朝陽俱樂部的守門員，靠著迅速的判斷與動作防守球門。

早乙女百合香

日出朝陽俱樂部的王牌選手，踢球技術高超。

澤村光

擅長盤球，藍色閃電俱樂部的王牌選手。周人的勁敵。

轟隼人

日出朝陽俱樂部教練。看似悠哉，卻會給予準確的指導，溫柔關注著孩子們。

吉村弘（左）／稲盛仁（右）

周人的隊友，以前是藍色閃電俱樂部的一員，但被澤村趕了出來。

豪田健人

周人的哥哥，日出朝陽俱樂部的畢業成員，會陪伴周人做個人練習，也會給他建議。

目次

MANGA SOCCER PRIMER

第1章 和球做朋友！

叮鈴鈴鈴鈴
天亮了！
豪田周人（小四）
咦？今天好像是週日。
繼續睡吧！
周人快起床！
砰！
我們不是說好，今天要一起去看日出朝陽俱樂部的足球比賽嗎？
豪田健人（國一）
咦？我對足球沒興趣啦！
今天我無論如何都要拉著你去看！
拖
拖
啊！大家已經在集合了。
是什麼比賽？

日出朝陽俱樂部，
列隊
和鄰鎮的西區藍色閃電俱樂部的練習賽！
SUNSHINE
BLUE
我記得日出朝陽俱樂部，好像是哥哥小學加入過的……
沒錯！今天教練有事不在，委託我當代理教練。
HINODE CITY SUNSHINE FOOTBALL CLUB
可是，隊伍裡只有八個人。足球不是要十一個人踢嗎？
少年足球大多是八人制。
不過，日出朝陽是真的只有八個人，所以我才會找你來當替補。
什麼！我又沒有真的踢過足球。
你只要坐在板凳上就好了，這只是為了預防萬一。
唔……

哇 哇
TEAM
前半
藍色閃電
日出朝陽
嗶嗶
咦？日出朝陽連女生隊員都有啊！
沒錯。她是早乙女百合香，我們隊伍的王牌。
噠
早乙女百合香
（小四）
守門員也是女生！
百合香！
拋
砰
赤坂千繪
（小四）
好厲害！踢得比男生還好！
敏捷
咚

別太得意了。
衝
唰
唰
澤村光（小五）
嗚！
穿過
穿過
穿過
咚
嗶
TEAM
前半
藍色閃電
1
日出朝陽
0
我們再得一分！
我我

哦—
哇—哇—
咚！
好厲害，對方的7號已經拿二分了！
他是藍色閃電的澤村光。
哼！真是沒用的對手。
今天就踢到這裡吧！
咦？那個人在上半場就被換下場了。
很好，只要澤村不在，機會就是我們的了！
開始反擊！
噠

鏗
別小看人！
好痛！
松本？
中場休息！
前半
2
0
松本，你還好嗎？
嗚哇——好痛！
那只是一點小擦傷吧……
沒辦法……周人，你代替松本上場吧！
什麼？
等一下，豪田學長，再怎麼說也不能讓新手……
這樣的人上場，也只會礙手礙腳而已！
面對藍色閃電，怎麼可以在少一個人的狀況下踢球呢？更重要的是，這樣對對方很失禮。
……可是，哥，我沒辦法啦。
叫你去就去！
塞

真是的，哥哥竟然強迫我。
我還是安安分分待在角落吧！
喂，周人，球過去了！
咦？
哇！我該怎麼做？
隨便啦，你就用全力踢出去！
知、知道了！
踢
砰
哇！
啪沙
咦，進了。

太棒了！
進球了、
進球了！
哇！
好厲害！
雖然是誤打誤撞，
但是做得好！
足球好像也挺有趣的……
這下子我也不能輸！
跑
跳
跑
跑
好

很好，追平了，我們要一口氣逆轉！
TEAM
藍色閃電 2 0 2
日出朝陽 0 2 2
咦？我是「前鋒」嗎？
把球傳給前鋒。周人，往前一點！
踢空
落空
砰
搞什麼！果然還是派不上用場。
啊哈哈哈哈哈哈
因為我是第一次踢球……
SUNSHINE
沒時間了！
百合香！
砰

咚
擋
我絕對要贏！
面對因為看不起我們，而把隊員換下場的藍色閃電……
趕在差點出邊線之前追上球了！
這是好機會！周人，跑到球門前！
喔、好。
嗚喔喔喔——
SUNSHINE

撥
撥
嗒
穿過去了！
嘩
要直接射門嗎？
SUNSHIN
豪田！
咦？
咚

砰
驚
進了！逆轉！
嗶
嗶
比賽結束。三比二，日出朝陽俱樂部獲勝。
太棒了！第一次贏過藍色閃電！
嘿唷
嘿唷
豪田弟拿了二分，好厲害！
哼……真無聊。

要是我們這些主力上場，結果就不會是這樣了。
你們贏的只是替補球員，有什麼好高興的。
什麼？輸了還敢嘴硬！
哈哈……只不過是碰巧得分的人，還好意思說這種話。
就連第三分，也幾乎都是那個女生的功勞不是嗎？
嗚嗚……
豪田弟，你接下來有什麼打算？
好，我要加入日出朝陽俱樂部！
等我把足球練得更好，就要向他們討回這筆帳！
哦哦！
啪啪啪
你認真？

什麼！
周人要加入足球俱樂部？
你之前明明還說，不想被人拿來跟哥哥比較，所以不要踢足球。
我說過嗎？
哎呀，既然他有動力了，這也是一件好事。
周人，我不會阻止你加入日出朝陽俱樂部，但是你不可以中途放棄。
今天你能進球只是誤打誤撞，想要踢好足球，一定得先從基礎開始踏實練習！
首先，和球培養感情很重要。你要和球成為好朋友！
和球做朋友……
我知道了！
哇
ZZZ
……
我還是沒辦法和球做朋友，它根本不會說話。
不是那個意思！

接觸足球

足球是最受歡迎的球類運動之一。
一開始要先多接觸足球，和球變得像朋友一樣親密，這就是進步的捷徑。

Question
Q 怎麼做才能和球培養感情呢？

Answer
A 享受接觸球的樂趣。

踢好足球的第一步，就是先習慣足球。只要能和球變得像朋友一樣，對球的畏懼也會消失。你可以坐在球上、拋球、用身體或腳碰觸球……總之，嘗試用各種方式接觸球吧！

小學生用的4號球。直徑20.5公分（大致的基準），重量350～390公克。

和球各式各樣的親密接觸

把球放在地上，試著將頭靠上去，或是坐在球上。

當成枕頭

仰躺下來，將球放在頭與地面之間。試著感受足球的渾圓形狀。

※練習要選在運動場等安全的地點。

當成椅子

●坐上去

試著坐在球上。

●讓雙腳懸空

讓雙腳懸空，試著盡量維持這個
不穩定的姿勢。

●在空中雙腳互擊

讓雙腳懸空，像拍手一樣雙腳互擊。
利用雙臂保持平衡，以免從球上摔下來。

●雙手、雙腳互擊

雙手、雙腳同時舉
在空中，手腳分別
像拍手一樣互擊。

試著接住拋向正上方的球！

試著在拋向正上方的球落下的期間，做各種動作再接住。

●直接接住

接住落下的球。

將球拋向正上方。

●拍一次手

拍一次手再接住球。

●碰觸地面

碰觸地面再接住球。剛開始可以容許球落地彈起一次再接住。

●原地轉一圈

原地轉一圈再接住球。剛開始可以容許球落地彈起一次再接住。

用腳夾住球！

試著用腳舉起球，躺下來在胸口接住。

1

坐下來腳伸直，用雙腳內側夾住球。

2

兩腳夾著球一點一點抬起腿，背部慢慢往地面倒。

3

接球的手不要伸往球的方向。

背部貼到地面後，鬆開雙腳放開球，用手接住。

用腹部壓住球！

試著用腹部停住彈起的球。努力讓自己不要害怕，不要閉上眼睛。

1

將球拋向正上方。

2

仔細觀察球彈起的軌跡。

身體覆蓋住從地面彈起的球。

3

膝蓋不要跪地。

兩手撐住地面，用腹部壓住球。

※箭頭的含意 → 腳或身體的移動方向 → 球的移動方向

腳放在球上動動看！

試著將腳放在球上，做出各種動作。

●一腳踩球

右腳放在球上就好，不需要踏住。
左腳踏穩地面。

右腳踩在球上。腳的中心踩在球的最高點，球就不會亂跑。

●動一動踩在球上的腳

剛開始先盯著球，習慣後再試著不看球。
記得腳不要離開球的中心。

前後活動踩在球上的腳。接著，轉動小腿，以腳底中心畫圓。兩隻腳都試試看。

●跳跳看

習慣以後，逐漸增加跳躍高度。
一腳踩著球中心。
支撐腳跳起。

右腳踩在球上，僅有左腳跳起。左右腳輪流試試看。

●原地轉一圈

背挺直。
腳踩著球中心。

一腳踩著球，另一腳跳起，身體以踩著球的腳為中心轉圈。試著交換左右腳，改變旋轉的方向。

用腳底碰觸球！

用腳底有節奏地碰觸球。

●正面控球

1 將球放在身體的正前方，右腳踩球。

2 右腳拿開。

3 右腳拿開的同時，抬起左腳。

4 左腳踩住球。口中數著「1、2」的節拍，有節奏地重複此動作。

●側邊控球

1 腳張開，將球放在雙腳之間。

2 左腳往左踩一步，右腳腳底碰觸球（不要移動球）。

3 右腳往右踩一步。

4 以左腳腳底碰觸球。輪流用左右腳有節奏地重複此動作。

推動球！

試著運用腳內側推動球。

●左右推動

1

將球放在雙腳之間。用左腳內側將球推往右腳方向。

2

身體位置保持不動，不要讓球停下，用右腳內側將球推往左腳方向。

3

同樣不要讓球停下，用左腳內側將球推往右腳方向，在左右腳之間反覆推動。

●一邊推球，身體一邊轉圈

1

將球放在雙腳之間，用左右腳內側反覆推動。

2

一邊讓球在雙腳之間左右往返，身體一邊慢慢轉圈。

3

在這段時間內，小心不要讓球跑出身體下方。

4

轉一圈後，再挑戰往反方向轉圈。

用腳底踏住球！

試著用腳底停住彈起的球。

1

將球拋向正上方。

2

球從地面彈起後，一腳舉到球上方。

3

用腳底將球踩在地面，停住球。輪流用左右腳試試。

將球托在腳背上！

將球托在腳背上，保持好平衡。

1

右腳懸空，翹起腳尖，將球放在腳背上。

2

用小腿和腳背夾住球。球穩住後就放開手。

3

注意平衡，挺起上半身。

用雙腳夾起球！

試著用雙腳夾著球跳起來。

1
2
3
不要動手
接球。
4

1 將球夾在雙腳腳踝處。

2 夾著球跳起來，小心不要掉球！

3 在跳到半空中的狀態下放開球。

4 接住球，然後著地。

和球一起動！

試著用腳底踩動球，身體跟著一起動。

●一邊往側邊移動，一邊踩動球

●一邊往前移動，一邊踩動球

1
2
3
踩在球上的
腳尖稍稍朝
向外側。
支撐腳
先往前
踏步。

1 一腳踩在球上。支撐腳（支撐著身體的腳）往側邊踏一步。

2 另一隻腳的腳底沿著球的表面，踩著球往旁邊滾。

3 當球滾到支撐腳旁，支撐腳就往側邊踏一步。不斷重複這個動作。

一腳踩在球上，支撐腳往前踏一步，用腳底踩著球滾動到支撐腳旁。保持良好的節奏，一步一步往前進。

和隊友一起做！
中場休息
HALF TIME

哪些是有效的準備運動（暖身）？

～讓身體做好準備與預防受傷～

足球是一種劇烈活動身體的運動，所以要確實做好準備。準備運動不只能讓身體為練習做好準備，也能有效預防受傷。尤其在天氣寒冷時，做好準備運動非常重要。從簡單的運動開始讓身體暖起來，再慢慢增加強度，就是準備運動的基礎。

準備運動步驟1（約5分鐘）

以舒緩的速度慢跑或盤球。試著在慢跑時活動手腳，或是往各個方向踏步。做充足的伸展操也很重要。

二人一組，互助做伸展操。

準備運動步驟2（約5分鐘）

慢慢加快活動身體的速度。不只是直線移動，也試著像在足球比賽中一樣，做出轉換方向等動作。

試著S型跑動。
試著抬高大腿跑步。

準備運動步驟3（5～10分鐘）

用全力短跑等運動，讓身體準備好做出任何足球技巧。激烈動作會產生身體碰撞，為了讓身體對此做好準備，可以與人一組背靠背互相推擠。這類會運用到肌肉的熱身運動，效果也很好。

背靠背互相用力推擠。

第2章 來踢球！

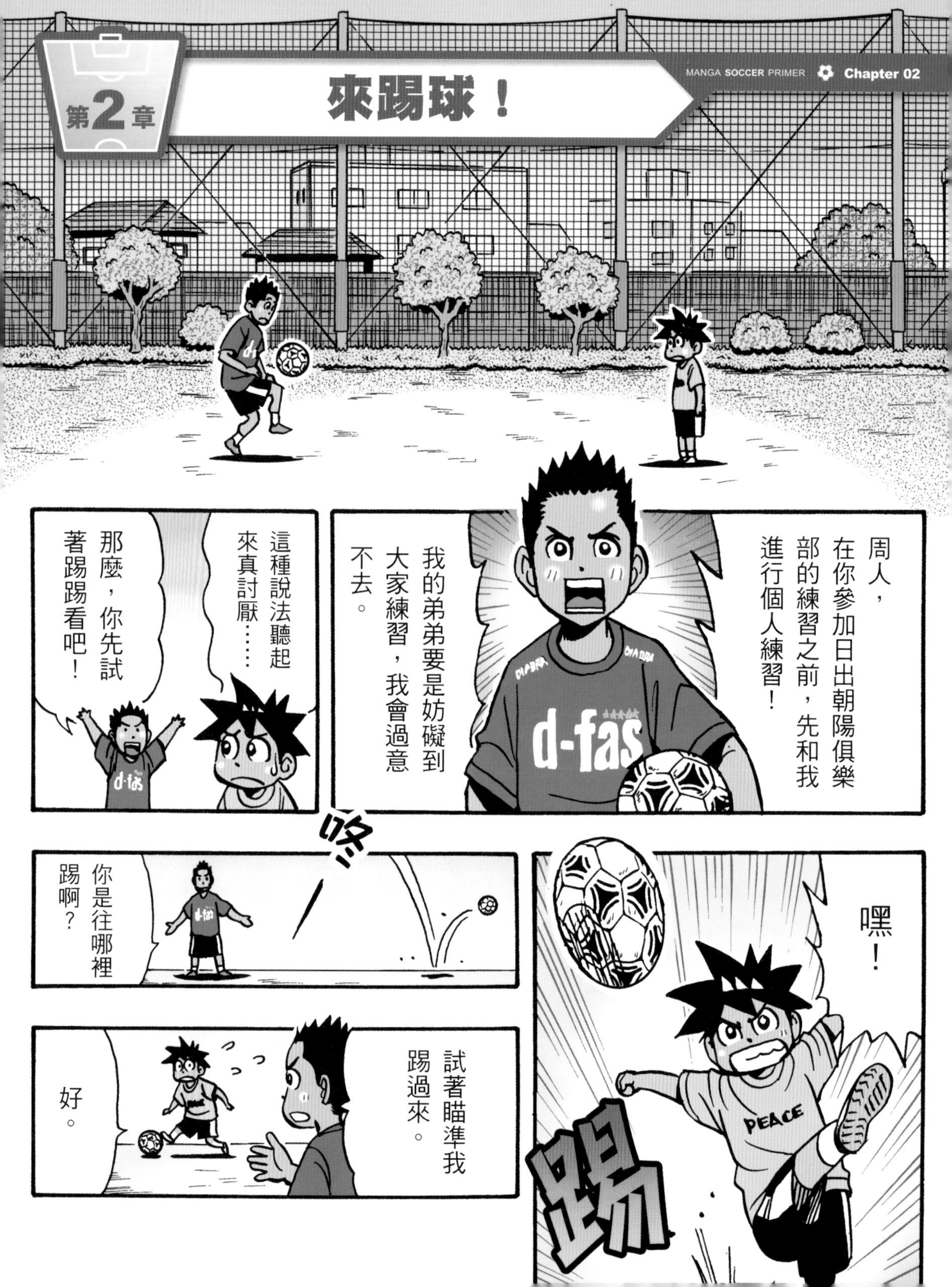
周人，在你參加日出朝陽俱樂部的練習之前，先和我進行個人練習！
我的弟弟要是妨礙到大家練習，我會過意不去。
這種說法聽起來真討厭……
那麼，你先試著踢踢看吧！
嘿！
踢
咚
你是往哪裡踢啊？
試著瞄準我踢過來。
好。

噫
砰
啪
碰
咚
咚
周人，你是用腳的哪個部位踢球？
嗯？用腳尖啊！
唉……那是腳尖踢球。
腳尖踢球在踢室內足球時很常用，但踢一般足球時很少用到。
尤其是初學者，練習腳內側踢球或正腳背踢球比較好。
腳內側？正腳背？原來有那麼多種踢法……
？

我實際示範給你看，你要仔細觀察喔！
用腳背接觸球，就是正腳背踢球。
正腳背踢球
遠射或長傳這種需要大力一踢的時候，就用這種踢法。
好快！
用腳內側的前端踢球的外側，這就是腳內側前端踢球。
腳內側前端踢球
這是在長距離之下常用的踢法，也能輕易踢出弧線球，所以踢自由球或角球時也很常用。
球轉彎了！

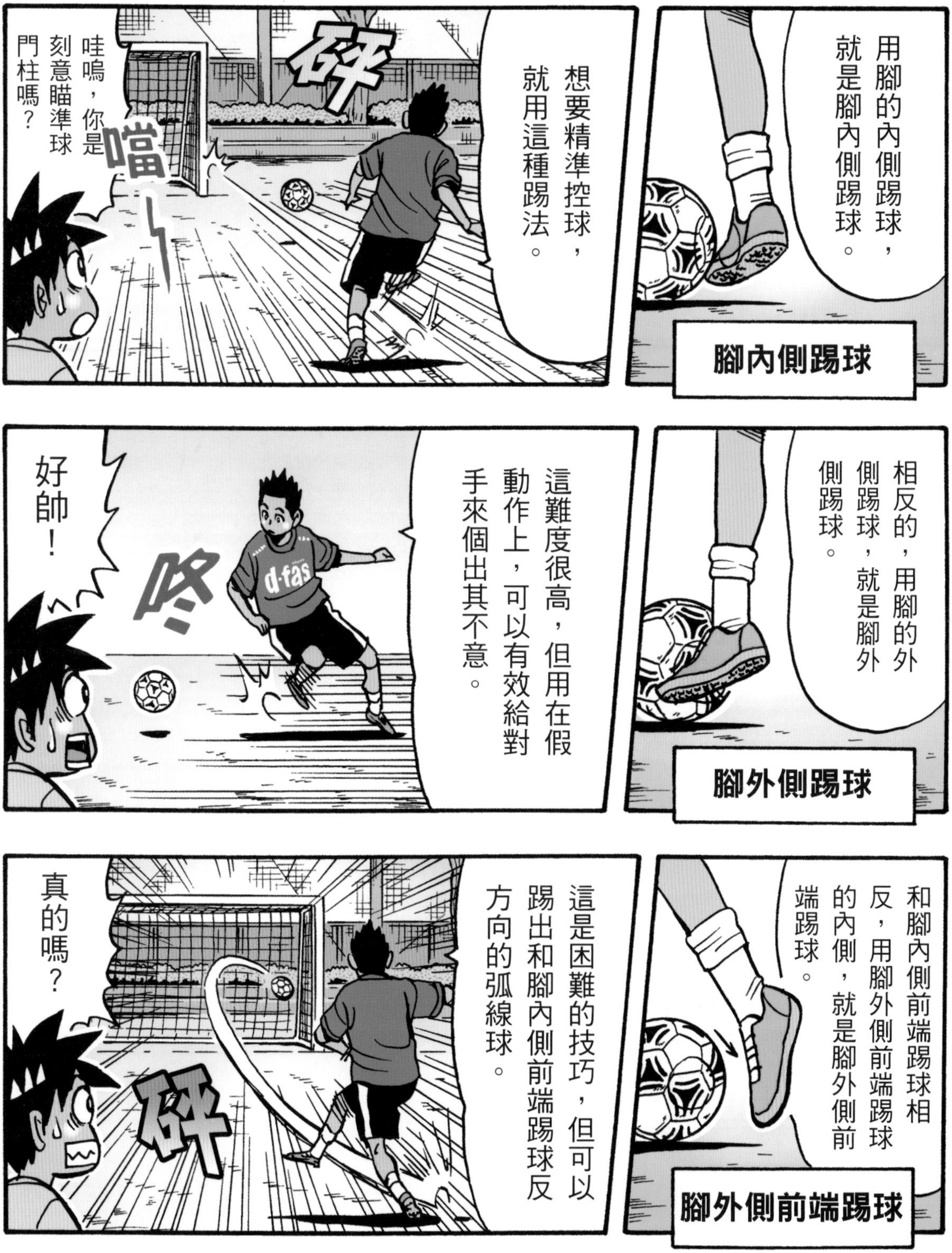
腳內側踢球
用腳的內側踢球，就是腳內側踢球。
砰
想要精準控球，就用這種踢法。
噹
哇嗚，你是刻意瞄準球門柱嗎？
腳外側踢球
相反的，用腳的外側踢球，就是腳外側踢球。
這難度很高，但用在假動作上，可以有效給對手來個出其不意。
咚
好帥！
腳外側前端踢球
和腳內側前端踢球相反，用腳外側前端踢球的內側，就是腳外側前端踢球。
這是困難的技巧，但可以踢出和腳內側前端踢球反方向的弧線球。
砰
真的嗎？

太帥了！我要馬上學會用腳外側前端踢出弧線球。
想得美！
首先，要從最基本的腳內側踢球開始學。
足球的踢球技術最重要的就是精準踢球。
用腳內側踢球準確踢向目標，是一切的基礎。
今天，你就練習瞄準那根球門柱踢球吧！
助跑要從球的正面開始。
支撐腳的位置踩在球的正側面。
球就會回到正面。
喔——
只要像這樣正確踢出球，踢中球門柱軸心……
哐
噹

站近點踢就行了，練習正確完成這個動作十次。
咦？好枯燥的練習，我想練無旋轉射門之類的帥氣技巧！
這不是很容易嗎？
咚
碰
砰
咚
連這種小練習都做不到的人，再過十年都踢不出無旋轉射門啦！
嗚——
砰
啪沙
膝蓋要更柔軟！
支撐腳的腳尖要對準目標的方向！
可惡！一直踢不好。
兩天前才開始踢足球的人，哪有可能馬上就踢得好。
PEACE
dfas

我就先回家了，你要認真練習喔！
知道了……
砰
砰
健人，要吃晚飯了。周人呢？
咦——他還沒回家嗎？
他該不會從白天到現在，都一直待在運動場吧……
還真的在！
哐——
哐——
哐——

哐
踩
咚
咚
哐
咚
厲害！
進步好多……

哐—
哐—
哐
哐
不是已經成功十次了嗎？
啊，不行！
給我回到這裡，回到這裡啦！
判斷標準太嚴格啦！
再踢十球！
夠了喔！
啊，哥哥。
已經是晚餐時間了。
很好，你的腳內側踢球已經有模有樣了！從明天開始，你可以一起參加日出朝陽俱樂部的練習嘍！
太棒了！

請問……
喔，你就是豪田弟啊！我是日出朝陽俱樂部的教練轟。
你好！
日出朝陽俱樂部教練
轟隼人
好，大家向新人自我介紹吧！
我是背號7號的早乙女百合香。
周人，你總算來了，我們等好久。

我是4號的松本。
我是守門員赤坂千繪，請多指教！
我是3號的中村。
我是2號的安田。
我們是銅牆鐵壁的防守搭檔
喔……
咦？總覺得人數好像比之前還少……
是啊，六年級生要準備升學考試，之前那場比賽就是最後一次參加了。
現在剩五人，加上你就是六人。
什麼？怎麼只有六個人，這樣就連踢八人制足球也不夠人數吧！

日出朝陽俱樂部的宗旨是……
來者不拒，去者不留。
怎麼可以說得這麼悠哉！六個人連比賽都不能踢啊！
並非人數不夠，就不能踢足球了。
而且，比賽也不是足球的全部。
喔……
這位教練沒問題嗎？

好，那麼新人就和大家一起練習傳球。二人一組。
得分王，請多指教嘍！
嘖……竟然把我當成初學者，瞧不起我。
砰
咚、
哎呀？你的技術變好了一點點呢！
如何啊？
咚、
嘿！
砰

哦……
新人還算不錯嘛，會用腳內側踢球。
好，試著一邊前後左右移動，一邊傳球！
哇！
踢空
啊！
踢空
他能踢得好的，原來只有正好停在腳內側的球啊……
不過，儘管他還不成熟，卻能從他身上感覺到一種天生的資質。
豪田周人，這孩子似乎值得好好鍛練。

基本的踢法

足球是從學會「踢球方法」開始。
踢法有很多種，大家要配合情況選擇有效的踢法。

Question

Q 該用腳的哪個部位踢球？

Answer

A 根據踢法的種類，踢球的位置各有不同。

基本的踢法就是用腳的這些部位！

踢法有很多種，根據踢法，準確度、球的力道、高度、距離都會有所變化。現在先來學最基本的踢法，也就是正腳背踢球、腳內側踢球、腳外側踢球、腳內側前端踢球、腳外側前端踢球的技巧。

正腳背踢球

運用腳背的踢法。可以踢出力道強勁的球。

腳內側前端踢球

用大約在大拇指根部的位置踢球。可以讓球轉彎。

腳內側踢球

用腳內側踢球。可以精準控球。

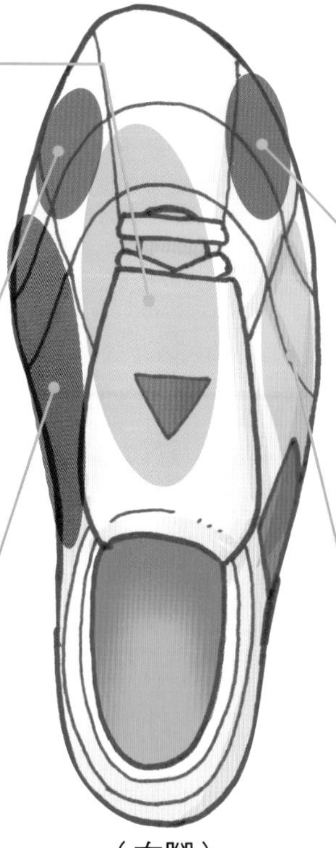

（右腳）

腳外側前端踢球

用大約在小指根部的位置踢球。可以讓球往腳踢球的方向轉彎。

腳外側踢球

用腳外側踢球。可以保持身體面向著前方的同時，將球踢往斜前方。

Question
Q 踢球時，只要用力把球踢出去就好了嗎？

Answer
A 踢球基本姿勢的重點，在於如何擺動小腿。

無論什麼踢法，最重要的是靈活擺動小腿。如果整條腿都大幅擺動，不僅無法控球，更難以加快球速。此外，根據腳踏的位置，以及支撐腳的腳尖方向，球飛的方向與高度也會改變。

要如何掌握踢球的感覺因人而異，所以在培養出自信以前，要反覆做踢球的練習。

踢球姿勢

臉
盯著球。

手臂
大幅擺動手臂，以便加強踢球力道。張開手臂來調整身體平衡。

踢球腳
腦中想像擺動小腿的畫面。

支撐腳
牢牢踏住地面。注意與球之間的位置與距離。

來練習！

支撐腳的平衡練習

踢球時，為了避免身體晃動，如何用支撐腳保持平衡很重要。練習學會巧妙保持平衡吧！

練習方法

二人一組。各自用雙手拿著球，以單腳面對面站立。一聽到口號，就同時用球推擠對方。雙腳都著地的人就輸了。

用這裡踢！

Q 正腳背踢球是什麼樣的踢法？

A 用腳背踢出強勁的球。

正腳背踢球就是用腳背踢球，可以踢出強勁而沉重的球。用於想要踢出強力射門，或是傳球至遠處的時候。

1 靠近球，支撐腳踩在球側面十至十五公分處。

2 手臂大幅往後擺動，以增加踢球力道。

支撐腳離球太近或太遠，都會導致無法順利踢出球。

3 支撐腳依舊踩在球側面，踢球腳的小腿擺動。

眼睛盯著球。
每隻腳趾都緊踩著鞋底，腳踝伸直固定住。
10～15公分

4 眼睛盯著球，用腳背踢中球中心。

看著球飛出的方向。

5 踢球的腳穩穩往前推出。

Question

Q 腳內側踢球是什麼樣的踢法？

Answer

A 用腳內側踢出精準的球。

用這裡
踢！

腳內側踢球就是用腳的內側踢球。由於接觸球的面積很廣，可以踢出準確的球。用於要精準傳球或射門的時候。

眼睛盯
著球。
支撐腳踩在球
的正側面。

1 筆直靠近球，支撐腳踩在球的正側面十至十五公分處。

腳踝固定在彎曲
90度的狀態。
支撐腳的膝蓋
保持柔軟。
呈90度
10～15公分

2 踢球腳與支撐腳呈直角，腳踝固定在彎曲九十度的狀態下使力。

膝蓋的位置
不要動。

3 踢球腳的小腿往前推，踢中球。

上半身稍
微前傾。

4 推出腳跟，整隻腳都往前踢。

這點要注意！

支撐腳沒有在球的正側面。

支撐腳的位置沒有在球的正側面，或是離球太遠，球就不會飛向瞄準的位置喔！

※箭頭的含意　腳或身體的移動方向　球的移動方向

Question
腳外側踢球是什麼樣的踢法？

Answer
用腳外側踢球。

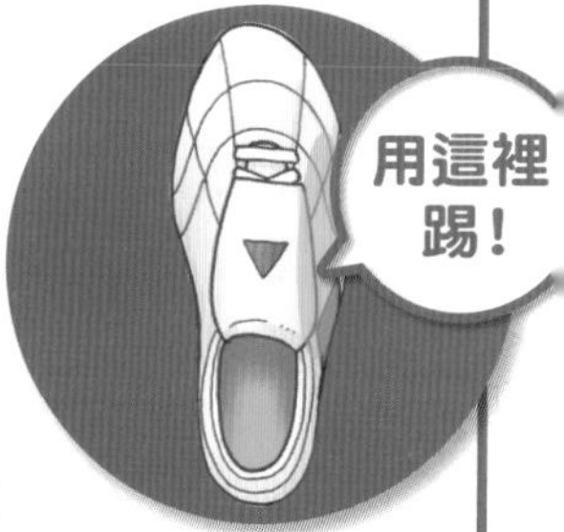
用這裡踢！

腳外側踢球就是用腳的外側踢球。只是擺動小腿、用腳踝的力量也能踢出球。這種踢法可以將球傳往與身體面向不同的方向，給對手來個出其不意。

腳尖下垂，方向朝著內側。
朝著預備踢往的方向。
10～15公分

1 靠近球，支撐腳大約踩在球側面後半部。

支撐腳朝向正面。
踢球腳的膝蓋保持柔軟。

2 踢球腳的膝蓋來到球的上方，踢出小腿。腳踝拉直。

小腿往斜前方推出。

3 用腳背外側到踝關節一帶，踢中球心。踢球瞬間將伸直的腳踝擺動回原位，就能踢出強勁的球。

重心移動的方向。

4 重心移向踢出球的方向，準備進入下一個動作。

Question
Q 腳內側前端踢球是什麼樣的踢法？

Answer
A 用大拇指根部一帶踢球。

用這裡踢！

腳內側前端踢球就是用大拇指的根部一帶踢球心下方。由於會造成球的旋轉，導致球往踢球腳內側方向轉彎，變成弧線球。常用於需要將球踢得又高又強勁的場面。

眼睛盯著球。

朝著預備踢往的方向。

身體與支撐腳朝向即將踢出球的方向。
膝蓋柔軟彎曲。
約20公分

1 手臂大幅往外張開，以加強踢球力道。

2 支撐腳的腳尖朝著預備踢往的方向，踏出腳步。

3 挺胸，支撐腳踩在球側面約二十公分處。支撐腳與身體朝向即將踢出球的方向。

上半身後仰。
以大拇指根部一帶踢擊球心下方。

4 踢中球心下方。若沒有踢中下方，球就不會高高飛起。

5 踢球腳穩穩向前推出。

這點要注意！

要是身體太過用力而往前傾，會導致腳沒有卡進球的下方，球就踢不高。

Q 腳外側前端踢球是什麼樣的踢法？

A 用小指根部一帶踢球。

腳外側前端踢球就是用小指的根部一帶踢球心下方。與腳內側前端踢球相反，會對球造成往踢球腳外側轉彎的旋轉。

1 全身放鬆，從正面靠近球。

2 支撐腳踩在距離球稍遠一點的位置。

3 踢球腳的小指根部一帶踢擊球心下方。

4 踢球腳從外側往內側大幅踢出。

5 眼睛盯著球，運用雙臂保持身體的平衡。

這點要注意！

踢球姿勢與腳內側踢球相同，可以造成欺敵效果。

Question
Q 提升踢球技巧的練習法是什麼？

Answer
A 邊玩邊掌握踢球的訣竅。

來練習！

能快樂練習是最好的。試試看自己一個人就能做的練習，或是以玩遊戲的形式練習吧！

踢球通過雙腳間遊戲

踢球通過對方的雙腳之間。先從腳內側踢球開始挑戰吧！

練習方法

二人一組，一人張腿站立，另一人將球踢往對方雙腳之間。一開始先用腳內側踢球，再換成腳內側前端踢球、腳外側踢球和腳外側前端踢球。習慣後，再改變腳張開的幅度或二人之間的距離。

重點在於要直直踢出球。
一開始雙腳張開的幅度比肩膀稍寬。

二人之間的距離約在３～５公尺

直接接近遊戲

與同組的人面對面，不停將球踢向對方，一點一點拉近二人之間的距離。用腳內側踢球挑戰吧！

1

要踢出方便對方踢回來的球。
不停把球踢回去。
每踢一球就前進一步。

練習方法　面對面保持約八公尺的距離，並將球踢給對方。每踢一球，就前進一步。不要停住被踢來的球，直接踢回去。

2

與對方距離拉近後，控球會變得更難。

二人之間的距離會越來越近。先犯下錯誤，例如傳球偏離對方所在位置、沒踢到球等等的人就輸了。

來練習！

對牆踢球 ※記得事先確認是否可以對著牆踢球。

對牆踢球的練習一個人就可以進行，也最能輕鬆練習如何踢滾動中的球。如果腳沒有穩穩踢到球，球會飛往不同於預期的方向喔！

1

眼睛盯著球。
決定目標要往哪裡踢。

練習方法 對著牆壁踢球。筆直往前踢，球就會滾回你所在的位置。

2

在練習中一一確認，不同的踢法會使球的速度與高度產生什麼變化。

瞄準門楣遊戲

準確將空中的球踢中球門門楣的遊戲。用腳內側踢球和正腳背踢球挑戰吧！

手放開球。
踢中空中的球。
喔—

練習方法

在胸口高度放開手裡的球，踢擊球心，和朋友比賽誰踢中門楣的次數比較多。習慣後，可以增加和門楣之間的距離再繼續挑戰。

繞過三角錐

用各種踢法將球傳給對方，注意不要碰到三角錐。

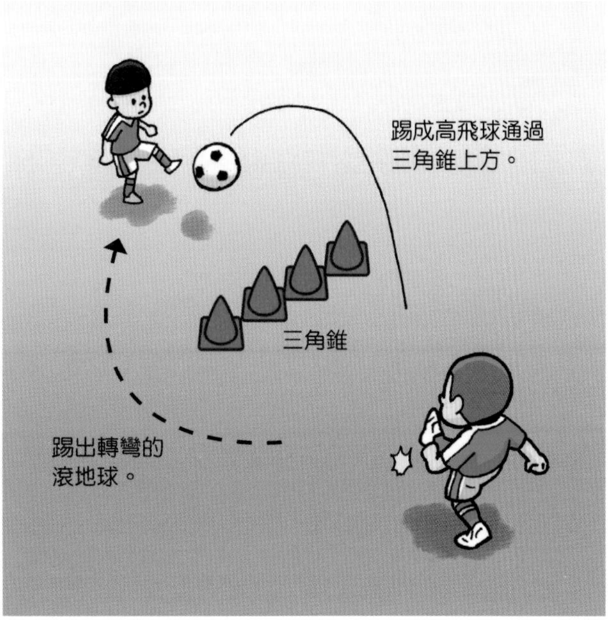
踢成高飛球通過三角錐上方。
三角錐
踢出轉彎的滾地球。

練習方法

二人一組，相隔約二十公尺。在二人的中點放置三角錐（障礙物），將球踢給對方時不能碰到三角錐。

可以用正腳背踢球、腳內側前端踢球，讓球飛過三角錐上方，或是用腳內側踢球、腳外側踢球，讓球從三角錐側邊彎過，嘗試看看各種踢法。

足網球

用不落地或是落地彈跳一次的球，將對方踢來的球踢回對面半場。

在落地彈跳一次以內，將球踢回對面半場。
中線
踢出一顆不落地的球到對手的半場，開始練習。

練習方法

決定好半場（範圍）後，開始練習從自己的半場踢出一顆不落地的球到對手的半場。就像打網球一樣，從自己的半場踢出落地彈跳一次以內的球回到對手的半場。如果在自己的半場內落地彈跳兩次，或踢到對面半場之外，就丟掉一分。先拿下十分的人獲勝。

Question 練好傳球的重點是什麼？

Answer 將練習目標設定在確實傳球給對方。

來練習！

傳球的一大重點，就是能否踢出方便對方接住的球。試著與接球的隊友培養默契，多多練習。

二人跑動傳球

配合隊友跑動的速度傳球。踢球時，要考慮踢到哪個位置才能方便對方接到傳球。

練習方法

二人一組，隔著約二公尺的距離並排。

二人都朝同樣方向跑動，並一邊傳球給對方。只要瞄準對方即將跑到的位置踢出球，就能銜接得很順暢。習慣後，可以試著拉開二人之間的距離，或是改變跑動的速度。

這點要注意！

要判斷清楚對方的位置與跑動速度，否則球會傳偏。

傳球鬼抓人

需要三人以上的傳球訓練。不斷傳球給彼此，以防球被鬼搶走。

練習方法

決定一個人當鬼，剩下的人不斷將球傳給隊友，以免球被鬼搶走。

假如球被鬼搶走，就換踢出那次傳球的人當鬼。當鬼次數最少的人獲勝。

如果對「傳球以前可以觸球的次數」設下限制，難度就會改變，也會更好玩。

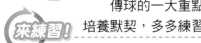

和隊友一起做！中場休息 HALF TIME

如何鍛鍊出結實的身體？

～生活要有規律，並在練習後做好收操～

足球這種運動時常會與人產生身體碰撞，所以要小心不要受傷。為了避免受傷，大家該注意什麼事呢？

規律的生活帶來結實的身體

若要預防受傷，除了運動前後的暖身與收操很重要，更重要的是平時要過規律的生活，才能練出結實的身體。律的生活，指的是「訓練」、「營養」、「休息」要均衡。在「訓練」時間最重要的就是不偷懶，專心致志地練球。

練習時消耗的能量，要靠進食來補充，這部分就是「營養」。每天都要正常攝取三餐，將營養攝取入體內。有些人沒有吃早餐的習慣，但這是一整天最初的能量，一定要攝取才行。香蕉、麵包、牛奶這類簡單的食物也可以，一定要吃早餐。中小學生就是要吃得多，身體才會長得壯。

好好練習與攝取營養之後，就是好好「休息」。如果除了練習足球以外，還有學其他才藝，回家時間就會變晚。之後還要吃飯、念書、看電視，睡眠時間難免跟著變短。不過，從小學到中學是身體成長的重要時期，睡眠不足可能會影響身體的發育。謹記一天至少要睡八小時，再更進一步努力早睡早起吧！

缺乏訓練、營養、休息當中任何一項的不規律生活，會導致專注力與體力下滑，很容易受傷。

做好收操，消除練習造成的肌肉疲勞

收操這類伸展操、體操的目的是為了消除比賽或練習後的肌肉疲勞，替隔天做準備。就算只用短短的時間收操，也能預防受傷。為了緩解肌肉的緊張，可以用坐或躺的姿勢慢慢做伸展操。

第3章 停住球！

周人，球過去嘍！
咚
哇！
砰
哇哇哇！
咚
周人，你之前沒練習過停球嗎？
停球？
「停球」就是接下傳球，以便進行下一個動作的技術。

周人吃迴轉壽司時，會在盤子還在動的狀態下直接吃嗎？
不會啊！我會把盤子拿起來，拿到方便吃的位置……
足球也是同樣的道理。
要先學會把傳來的球穩穩停住，這是一大重點。
DORADORA
來。
咚
哇！
看，球停得太大了！就會被對手搶走嘍。
哇ー
停球不只是不漏接而已，這樣是不夠的。必須將球穩穩停在自己的腳邊。

教練，請教我要怎麼做，才能練好停球。
你先自己思考看看吧！
……教練怎麼回事，直接教我我不就好了。
就是因為這樣，成員才會減少。
教練一直都是那樣。他說，他喜歡讓選手自己試誤。
市勿？
就是自己多加思考，並親身嘗試。
哇！
哇哇！
咚
砰
可惡，百合香那傢伙，停球停得真漂亮。
啪

好，今天的練習結束，解散！
昨天的節目你看了嗎？
肚子好餓～
啊哈哈
可惡，停球完全練不好！
百合香，麻煩你陪我練習停球！
為什麼找我？
因為百合香是我們隊裡足球踢得最好的，不是嗎？
這個嘛，是這樣沒錯。
拜託啦！
真拿你沒辦法。

哇！
哇！
砰～
嗚嗚……為什麼百合香都能穩穩停住球？
咚～咚～
啪
停
天色暗了，我們回家吧！
不然我會被媽媽罵！
再練一下！我掌握到一點感覺了。
哎，你好煩啊！
這是最後一球！
嘿

砰
抱歉，我踢太大力了！
嗚哇！
啪

咻～
球，停住了
……
成功了！耶！
啦啦啦～
你高興過頭了吧！
進球舞
我抓到訣竅了。
只要膝蓋微彎，在停球的瞬間，腳順著來球的方向往後收，就可以停住球。
那當然，停球就是要放鬆身體力道，順著來勢停住球。
那我要回家了。
啊……
我好不容易才掌握到訣竅……
拿去！
odidos

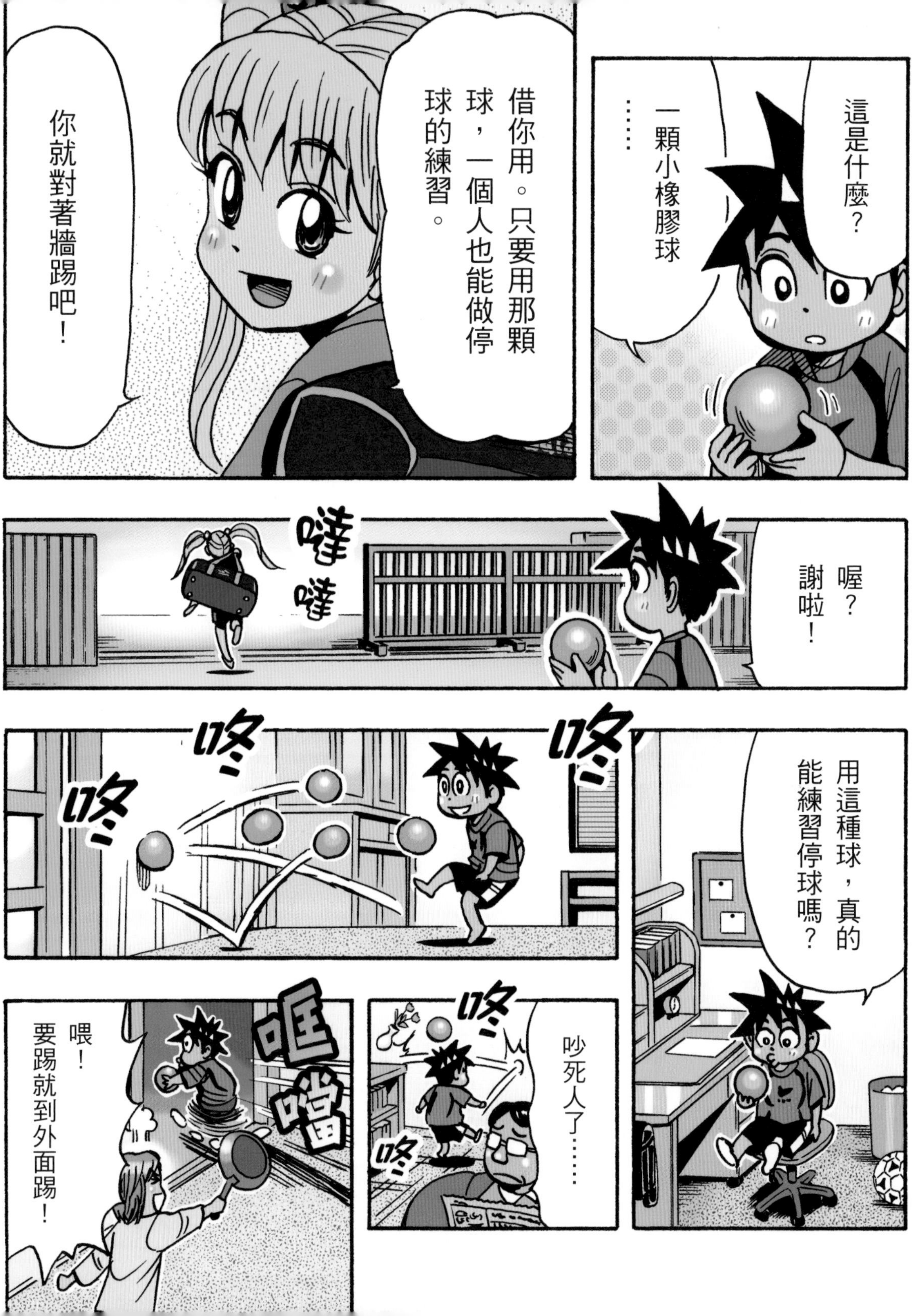
這是什麼？
一顆小橡膠球……
借你用。只要用那顆球，一個人也能做停球的練習。
你就對著牆踢吧！
喔？謝啦！
噠噠
用這種球，真的能練習停球嗎？
咚
咚
咚
咚
咚
吵死人了……
哐噹
喂！要踢就到外面踢！

咚~
咚~
要抵消球的來勢，就必須把腳往後收……
成功停住球了！
咚~
啪
對了，百合香也曾經用腳以外的部位停球。用胸口或大腿停球的時候，原理也是一樣嗎？
咚~
啊！
不對、
唉唷……

數日後——
周人！
咚
噠
咚
踩
厲害，你穩穩停住了高飛球！
不錯嘛！
嘿嘿。
喔，看來你抓住訣竅了。
教練！

但是，你停球還是停得太大了。
要是附近有對手，球會被搶走喔！
砰
啊！
這也就是說，周人的停球技術還有改善的餘地。
你那樣大腿抬太高了！
在接觸到球的瞬間，大腿稍微放低。
咚
用大腿停球的時候，膝蓋要更加彎曲。
用手臂保持平衡。

咚、
哇！教練給了一點小建議，就讓我一下子進步這麼多。
很好！接下來是移動中的停球訓練。
百合香，你來盯防周人。
好！
緊貼
嗚，好難活動！
試著在這樣的狀態下停球吧。
拋
哇！
唰！
輕輕鬆鬆就被搶走了。

聽好了，遭對手貼近時，若要用胸前停球，就要比對手更快移動到球落下的地點……
一邊擋住對手，一邊站到球落下位置的正面……
咚
用胸口停住球後，上半身馬上扭向預備前進的方向，甩開對手。
停球的時候，也不要忘記彎曲雙臂，保持平衡。
知道了。
來，試試看。
拋
迅速切入球即將落下的地點……
身體正面面向球，用胸口停住球的同時……
擋

上半身扭向預備前進的方向，
咚
甩開對手！
噠
成功了！
原來如此，比起一開始就全部教我，我自己思考過後再聽從建議，這樣更簡單易懂。
不愧是教練，給我的建議很精確。
百合香你看見了嗎？我剛才的停球很漂亮吧！
……
你剛才大力碰到了我的胸部！
什、什麼？
救命啊！教練，請給我建議。
我不擅長應付女性問題……

練好停球

停球就是停住運動中的球。
這是與踢球並列重要的足球基本技術，所以一定要練到純熟。

Question
Q 停球是什麼樣的技巧？

Answer
A 就是用身體接住運動中的球。

停球就是停住運動中的球，以便銜接到下一個動作。停球可以使用腳、大腿、胸口、頭、肩膀等，只要不用手和手臂。所有停球方式的共通點，就是要控制住球的來勢。配合空中球或滾地球等狀況，或周圍環境，選擇不同停球的方式。

各種停球方式

胸前停球
腳背停球
腳內側停球
要是無法停球，就無法銜接到下一個動作喔！
腳外側停球
大腿停球
腳底停球
SUNSH

Question
如何用腳停球？

Answer
和踢法一樣，有好幾種方式。

停球也有與踢球共通的部分，如運用腳內側的腳內側停球、運用腳外側的腳外側停球、運用腳背的腳背停球。此外，也常會運用腳底控球。以下介紹各種停球法的訣竅。

腳內側停球

停住朝著腳邊而來的球。

身體注意不要往後仰。
與支撐腳呈90度。

1 停球腳的腳踝穩穩固定住，等球滾過來。

2 腳內側接觸到球的瞬間，腳稍稍往後收，減弱球的來勢。

這點要注意！

如果在離腳邊太近的位置停球，會難以處理球；如果腳過於往前伸，會容易失誤。

腳外側停球

可以在移動中停球。

膝蓋保持柔軟。

1 身體側面朝向球，膝蓋微彎。

腳踝保持柔軟，稍微向內彎。

2 用腳外側輕觸球。腳稍微往內收，減弱球的來勢。

球停在腳碰得到的位置。

3 思考接下來的動作，並停下球。

※箭頭的含意　→ 腳或身體的移動方向　→ 球的移動方向

正腳背停球

停住空中的球。

膝蓋微彎。
腳尖微微翹起。
要是腳踝僵硬地固定不動，會導致球彈開。

1 牢牢盯著落下的球。

2 腳配合球往上抬起。

3 用腳背到腳尖之間觸球。

4 腳放下以減弱球的來勢，順勢踩上地面。

腳底停球

停住滾過來的球。

腳尖朝上。

1 腳踝微彎，腳尖朝上翹起。

2 用腳底觸球。

這點要注意！

如果是從正上方踩球，球很容易往後滑。
腳踝並非與球呈一直線，而是要稍微傾斜。

Question 也能用腳以外的部位停球嗎？

Answer 常會用到大腿、胸口、頭停球。

要停住空中的球時，常用到大腿、胸口與頭。先學會用胸口與大腿停球。

大腿停球

停住空中的球。

大腿不要抬到高
於水平位置，要
稍微往前垂下。

1 眼睛盯著落下的球，抬起大腿。

2 膝蓋不要繃緊，在大腿中央接觸球的瞬間稍微往後收，減弱球的來勢。

這樣不行！

膝蓋抬太高會導致球彈開，停不住球。

胸前停球

停住高飛球。

預判球的
落點，移
動過去。

胸口接觸球的瞬間稍
微往後收，減弱球的
來勢。

1 盯著飛過來的球，稍微挺胸。

2 接觸球的瞬間，胸口稍微往後收，減弱球的來勢。胸口傾斜，讓球落到方便進行下一個動作的位置。

這點要注意！

上半身要是過於後仰，球就會落在臉附近。此外，這也會破壞身體平衡，導致難以銜接到下一個動作。

學會挑球

挑球就是用手與手臂以外的部位控球，讓球不要落到地面。
可以藉此學會如何精準踢球，以及停球的技術。

Question

Q 練好挑球的訣竅是什麼？

Answer

A 接觸點在球心，筆直往上挑。

挑球就是用身體的部位接觸球中心，直直往上挑。在此介紹基本的挑球方式。

落地彈跳一次的挑球

用腳背接觸球中心。

1 輕輕把球往正上方拋（或扔向地面）。

2 讓球落地再彈起。

3 用腳背輕輕踢起落下的球。

4 在胸口附近接住踢起的球。

這裡是重點！

起初專心一次一次分開來往正上方踢，接著再嘗試連續往上踢。一開始先用正腳背踢，然後再挑戰腳內側踢。

這點要注意！

踢球時如果腳踝彎曲、晃動不穩，球就不會往正上方飛。此外，如果腳踝太過用力，也會難以控球。

正腳背挑球

腳踝伸直。

1 輕輕把球往正上方拋（或扔向地面）。

2 眼睛盯著球，踢球腳的腳踝拉直，固定在這個角度。

3 用腳背輕輕踢起球。

4 接住踢起的球。

腳內側挑球

腳踝彎曲成直角，固定在這個角度踢球。

1 輕輕把球往正上方拋（或扔向地面）。

2 眼睛盯著球，踢球腳的腳踝彎曲成直角，固定在這個角度。

3 小腿與地面呈平行，腳內側輕輕踢起球。

4 接住踢起的球。

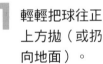

腳外側挑球

小腿彎向外側。

身體稍微往側面轉。
小腿往外側抬起。

1 輕輕把球往正上方拋（或扔向地面）。

2 眼睛盯著球，腳彎向身體外側。腳踝固定不動。

3 小腿與地面平行，用腳外側觸球。接觸球的瞬間輕輕往上踢。

4 接住踢起的球。

大腿挑球

大腿保持水平。

大腿與地面呈水平。

1 輕輕把球往正上方拋（或扔向地面）。

2 膝蓋彎曲，用大腿正中央觸球。接觸球的瞬間，將球輕輕往上頂。

3 接住踢起的球。

這點要注意！

要是膝蓋抬太高，球會往臉部飛過來。膝蓋停在水平位置就好。

頭頂挑球

用髮際部位接觸球中心。

用髮際部位接觸球。
膝蓋微彎。
膝蓋用力。

1 輕輕把球往正上方拋。

2 看清楚拋起的球。

3 用額頭觸球，接觸球的瞬間膝蓋打直，將球往正上方挑起。

4 接住挑起的球。

肩部挑球

從球的正下方輕輕挑起球心。

感覺就像是輕推球中心。

1 輕輕把球往正上方拋。

2 上半身往球落下的位置移動，肩膀就定位。

3 肩膀接觸到球的瞬間，肩膀輕輕往正上方挑起。

4 接住挑起的球。

Question

該怎麼練習停球？

Answer

試著停住各種運動狀態下的球。

來練習！

在比賽中無法預測會遇到什麼樣的傳球或是其他球，所以要先做好練習，讓自己碰到什麼球都能停住。

停住隊友拋來或是彈回的球

滾到腳邊的球、落地彈跳的球、從高處往頭頂落下的球等，用各種動態的球來練習。

●二人組

練習方法　二人一組，拋給彼此各種球來練習。

●利用牆壁

只有一個人時，可以練習停住撞上牆反彈回來的球。若能製造出強弱不同的球更好。
※記得要事先確認可不可以對著牆拋球。

請隊友拋球過來做練習

由隊友拋球，瞄準隊友胸前用正腳背、腳內側、腳外側踢法直接踢回去。另一種是由隊友拋球，再用大腿挑起，伸手接住。活用透過挑球學會的技術。

不要用力踢球。

練習方法　將隊友拋來的球直接踢回對方胸前，試著像是把球推出去一樣。

用膝蓋與腿根之間的部位接觸球。

用大腿接觸對手拋來的球，接住挑起的球。大腿觸球的瞬間，輕輕把球往上挑。

和隊友一起做！

中場休息

HALF TIME

練習途中是不是多補充水分比較好？

～水與運動飲料分別用在何時～

不只足球，所有運動中，補充水分都可說是攸關性命的一大重點。那麼，應該在何時？用什麼方式？為身體補充什麼才對呢？

不要忘記喝水

兒童的體型嬌小，分泌汗液的「汗腺」數量卻與成人相同。因此儘管體積比成人小，但體內水分會被汗水排出，必須補充大量水分才行。時常有人過於專注在踢足球而忘了「補充水分」，所以一定要小心。

關於運動時補充水分的問題，若是一小時左右的練習或比賽，一般認為只要喝水就夠了。如果練習一小時以上，為了補充能量、補充因汗水而流失的鈉等礦物質（屬於必需營養素之一的無機物），最好是喝運動飲料。

小心太甜的運動飲料

運動飲料為了讓人補充能量與礦物質，當中加入了許多成分。各種成分之中，特別需要留意的就是「糖分」。有時候運動飲料中的糖分太高（太甜），就得花上一段時間才能吸收到體內。

再加上當血液中的糖分上升，偵測飽足感的神經就會受到刺激，有時會使得練習後食欲暫時低落。能量與營養素幾乎都是靠進食補給，因此要是因為喝了運動飲料而產生飽足感，可能會導致無法充分攝取成長所需的能量。

另外，練習後要是一口氣喝下果汁或運動飲料，會暫時產生飽足感，可能會就此感到疲憊想睡。為了避免這種狀況，應該每隔一個短暫期間就補充一些水分，而非一次喝下大量運動飲料。

調整運動飲料糖分的方法，就是稀釋後再喝。稀釋過的運動飲料味道比較淡，或許喝起來不太美味，但是考慮到身體未來的成長，趁現在先做好「習慣清淡口味」的練習，也未嘗不是一件好事。

第4章 盤球！

住手!!大叔
X市 8人制
少年足球大會
X市廣域公園運動場
讓我們一起支援
地方醫療
招募成員？我平常都有在做啊！在俱樂部網站上……
所以說……因為比賽快到了，我們必須更積極尋找成員！
唔……
嗯，要是真的不得已，比賽當天就在會場挖角看起來很閒的選手……
真是的，教練，請你認真想啦！
教練，有兩個人想加入俱樂部。
什麼？

我是稻森仁。
我是吉村弘。
啊，這兩個人不是藍色閃電的選手嗎？
對啊，就是之前在下半場上場的人。
藍色閃電的成員太多了，少有機會能在比賽中上場，難以表現實力。
我們想參加比賽，所以讓我們加入日出朝陽俱樂部吧！
這算什麼理由！你們是看不起我們日出朝陽嗎？
別這麼說啦！多了這二人，我們就變成八人，有這樣的人數就能參加比賽了。
嗯，日出朝陽俱樂部的宗旨是「來者不拒」。

哇
哇
噠
跑
哇！
跑
仁和弘他們踢得太好了！
傳球簡直合作無間。

太厲害了！多虧有仁和弘加入，練習水準也提高了。
這樣看來，這次比賽應該可以踢出不錯的成績。
……
不過，你們到底為什麼不留在藍色閃電？
……
因為你得了分……
喂！別說了。
豪田，都是因為你在那場練習賽拿了二分，我們才會被趕出來！
咦？趕出來！
我不想和面對外行人還會丟二分的那種人待在同一隊。
可不可以麻煩你們離開藍色閃電？
BLUE
澤村這麼說……
嗚嗚
傻住
……

什麼嘛！澤村那傢伙，竟敢說我是外行人。
周人，你直到不久前都沒接觸過足球，所以他也沒說錯啊……
絕不原諒！就算他輸給我，也不能趕走仁和弘。
藍色閃電的練習場在哪裡？你們和我一起來！我要罵他幾句。
跺跺
哇！
哇！

好棒，這就是藍色閃電的練習場啊！
真豪華，我還是第一次來。
咦，周人呢？
噠
哇，已經衝進去了！
喂，混蛋澤村！
你誰啊？
我是日出朝陽俱樂部的豪田周人！你為什麼趕走仁和弘？
輸給我，你就這麼不甘心嗎？

喔……我想起來了，就是之前拿了二分的狗屎運男。
狗屎運男？
他們面對你這種遜咖還被拿二分，我不想和水準這麼低的人待在同一個練習場。
不然會害我被傳染成遜咖。
這是什麼口氣啊？那個澤村！
他這麼沒禮貌，那個戴墨鏡的教練為什麼一句話也不說？
澤村的父親是大公司的社長，教練是那裡的員工。
嗚哇，爛透了……
藍色閃電本身就像是澤村的一人隊伍。
你叫豪田是嗎？你不會盤球吧！
咦？
之前比賽上，你完全不會盤球啊！
不、不過是盤球，我當然會！
是喔？

看好了。
咻
啪
啪
厲害！球好像黏在腳上一樣。
澤村是鎮上第一名的盤球高手，沒人比得過他。
喏，你也試試。

S型盤球過這排三角錐，我的最佳紀錄是十五秒，隊伍平均是二十三秒。換你了吧？
呃、喔。
好，開始！
噠
慢吞吞
慢吞吞
慢吞吞
慢吞吞
唉唷
喂，一分鐘過了，你要踢到什麼時候？太陽都要下山嘍！
啊哈哈
哈哈哈哈
水準好低！

嗚……嗚嗚。
嗚哇……
噠
啊，逃跑了。
啊哈哈哈哈哈
好遜！
周人！
你等一下！
喂，周人，吃晚餐了。
嗚嗚嗚…
周人怎麼了？
他說不想吃。
嗚嗚嗚嗚嗚…

隔天——
咦，周人呢？今天怎麼還沒來。
發生了一點事……他昨天受到太大的打擊，搞不好要休息一陣子。
發生什麼事了？
教練！
請教我盤球！
周人？
怎樣才能練好盤球？
搖
搖

你、你等一下……世界上沒有任何捷徑能一下子就練好盤球。
練好盤球最重要的就是，平時要常接觸球，掌握球感。
RADORA
撥
撥
像是運用左右腳的腳底，
或是用兩腳之間左右撥動球。
咚
咚
如果練到不用看也能用雙腳駕馭球，實際上場時肯定也能冷靜執行各種動作。
啪
啪
啪
真難得教練會親自示範。
他屈服於周人的魄力之下了吧！

啪
啪
是這樣嗎？
這樣嗎？
啪
啪
啪
這樣嗎？
注意球和身體的距離，要多多觸球，以免讓球跑太遠。
踢弧線球時也要用腳！運用全身去踢球。
喂，你們只顧著看嗎？一起來練習！
是！
哇
哇

呼
呼
仁、弘……各位，昨天很對不起。
他說我水準很低，我卻無法反駁……
我覺得自己很沒用，好不甘心。
我……要變強。
我會多練習，把盤球練得更好。
周人，你……
好！我們大家都要變強，給藍色閃電那些人一點顏色瞧瞧！
喔
喔～

盤球與假動作

盤球就是和球一起長距離跑動，是與球接觸時間最長的足球技巧。
一面仔細觀察周遭，一面運球吧！

Question
Q 盤球的重點是什麼？

Answer
A 將球控制在腳邊，並抬頭觀察周遭。

盤球就是將球保持在自己腳邊，運球時小心不要被對手搶走。靠著盤球越過對手，不只可製造出接近球門的機會，也是足球的樂趣之一。

盤球的基礎就是將球留在容易控球的位置，還有抬頭觀察周遭。能自由控球的位置與方便處理球的踢法因人而異，所以要在練習中找到自己擅長的盤球方式。

學會盤球後，擔心球被對手搶走的不安也會隨之消失，踢球也會更有自信。面對對手時，更可以視情況選擇盤球或傳球來避開對手，能運用的戰術變得更廣泛。

盤球的基本姿勢

頭抬起，仔細觀察周遭。
背挺直。
球控制在腳馬上就能碰到的位置。
不能一直盯著球看！

Question

Q 盤球直線前進時，該注意什麼？

Answer

A 將球控制在容易處理的距離。

盤球的基礎是直線前進。反覆練習盤球，找出一個能比前來攔截的對手更快碰到、自由處理球的位置。先用慣用腳練習盤球吧！

挺胸。

1 抬頭挺胸。

2 隨時保持球在視野內。

接觸到球後，注視前方。

3 以每二步一次的頻率頻繁觸球。

4 觸球的部位是腳背偏外側，有點像把球推出去一樣。

要是球離得太近，速度就快不起來。

5 球離腳邊不要太近也不要太遠，控制在自己容易處理的位置。

這點要注意！

要是只顧著看球，就會看不到隊友、對手等周遭狀況。

※箭頭的含意 → 腳或身體的移動方向 → 球的移動方向

Q Question 要如何Ｓ型盤球前進？

A Answer 用腳內側與腳外側頻繁觸球。

光靠直線盤球很難閃過對手。為了避免球被對手搶走，需要用到左右Ｓ型前進的盤球。

Ｓ型前進的盤球，要運用單腳或兩腳的腳內側與腳外側踢微幅觸球。兩膝微彎，重心壓低，隨時將球控制在自己的肚臍前方，這樣最為理想。

一開始先用慣用腳練習，熟練後再挑戰用兩腳盤球。對Ｓ型的角度與前進的速度稍作變化，在比賽中會很有用喔！

Ｓ型盤球的姿勢

抬頭觀察周遭。
兩膝微彎，重心壓低。
球控在自己的正面（肚臍前方）。

這裡是重點！

要隨時記住「輕推運球」的感覺。

這點要注意！

膝蓋太緊繃

膝蓋打直會導致腳無法順暢活動。

不小心踢得太用力

用力踢球來強制改變方向，會導致球遠離腳邊。

S型盤球的觸球方式

●單腳（慣用腳）觸球（以右腳為例）※重複1～4。

1 用右腳內側將球輕輕推向左側。

2 身體移動，以免球超過左腳。

3 用右腳外側將球輕輕推向右側，同時移動身體。

4 再用腳內側將球推往左側。試著一點一點加快身體和球的速度。

●兩腳觸球 ※重複1～4。

1 用左腳內側將球推往右側。

2 球通過肚臍前方後，再用右腳外側將球輕輕推往右側。

3 馬上用右腳內側將球推往左側。

4 同樣用左腳外側觸球。

Question

Q 要如何改變盤球方向？

Answer

A 運用腳內側、外側踢球迅速變向！

在盤球時轉換方向，以擺脫前來搶球的對手，稱作「變向」。變向最重要的就是動作迅速。轉換方向後，身體馬上面向前進方向，擺脫對手。要是盤球時只顧著看球，判斷速度就會變慢，所以要抬起頭，同時注意周遭的狀況。

用腳內側變向

1 支撐腳踩在球側面。

2 腳內側觸球，減弱球的來勢。

3 停下球，身體轉往反方向。

4 成功轉換方向後，繼續盤球。

用腳外側變向

1 支撐腳踩在球的稍前方。

2 腳外側觸球。

3 腳踝向外側彎曲，改變球的方向後身體轉向。

4 成功轉換方向後，繼續盤球。

用腳底改變方向

1 腳底將球撥近，身體轉向收回腳的外側方向。

2 用腳內側推出球，轉換方向。

3 擺脫對手後，抬起頭確認四周。

踩腳踏車（跨過球往反方向盤球）

1 右腳從外側往內側跨過球，讓對手誤以為你要往左邊前進。

2 用右腳外側或是左腳內側迅速將球往右推，擺脫對手。

3 左右腳反過來，就會變成從左邊擺脫對手。

Q　如何練習假動作？

A　想像對手的行動，反覆做假動作的練習。

假動作就是用身體動作或視線誤導對手，趁機過人的技術。假動作的重點就是考量與對手的距離、積極行動、觀察並反過來利用對手的動作、過人之後就加速。想像對手行動並反覆練習，就能慢慢掌握訣竅。

虛晃（運用上半身動作的假動作）

大幅晃動以誘騙對手。
球的位置不動。

1 腳下動作不變，只有上半身大幅左右晃動。

往對手重心的反方向移動。

2 見對手上鉤跟著動，馬上迅速往反方向行動。

馬修斯假動作（運用腳下動作的假動作）

跨出的腳不要跨過球上方。

1 左腳大幅向左跨，假裝要往左方前進。

2 對手一往左，右腳外側就迅速將球往右推。

3 加快速度，拉開與對手的距離。

停頓再起步（運用盤球速度的變化過人）

仔細觀察對手動作。
停
!
停下來的對手一時間無法馬上動作。
用觸球的腳底或正腳背的腳尖將球推出。

1 先確定已用快速盤球拉開與對手的間隔。

2 腳底觸球，放慢速度。

3 對手一停下，馬上觸球並推出，擺脫對手。

剪刀腳（跨過球的假動作）

仔細觀察對手。
重心壓低。
踩在球的正側面。
大幅跨步。
膝蓋一彎曲，就要快速行動

1 仔細觀察對手重心所在的方向，支撐腳踩在球的正側面。

2 另一隻腳像畫圓一樣由內側往外側跨步，繞過球前方。兩腳交互連續動作。

3 對手一被你的動作誘騙，跨出去的腳就牢牢踏穩，用另一隻腳的外側將球往外側推，穿過對手身旁。

Question

Q 怎麼樣的盤球才能避免球被搶走？

Answer

A 身體卡在球與對手之間擋住。

身體卡在球與對手之間，將球控制在離對手最遠的位置。這種保護球不被搶走的技術，就叫「持球擋人」。可別忘記持球擋人的目的不在於持球，而是接近球門的手段喔！

持球擋人的姿勢

1 面向斜前方，身體卡在球與對手之間。

2 用肩膀與手臂頂住就能阻擋對手，並能感覺到對手移動的方向。

3 當對手來搶球，就用身體頂住對方，同時將球控遠。

4 身體迅速轉動，身體卡在球與對手之間。

5 改變方向後就抬起頭，確認周遭情況。

這點要注意！

要是球離對手太近，很容易被搶走。

Q Question 防守方要如何阻止進攻方的盤球？

A Answer 仔細觀察對手，做出流暢的應對！

對方與自己面對面，在足球裡稱「一對一」。在一對一中獲勝，無論是對進攻或防守都很重要。防守盤球過來的對手時，最不應該的就是讓對手擺脫自己，往球門方向前進。做好基本姿勢，根據對手的動作採取流暢應對吧！

重心壓低，抬起頭。
一腳在前，面向斜前方。
雙腳約與肩同寬。

一對一防守的基本姿勢

重心壓低，面向斜前方，仔細觀察進攻過來的對手動作。

一對一防守的動作

防守時，身體盡可能貼近帶球的對手，不讓對方往前進。站在傳球的路徑上一點一點拉近距離，造成對手壓力。

身體貼近。
擋住傳球路徑。

這點要注意！

別衝動莽撞地撲向帶球的對手，要是被對手擺脫，可能會造成隊伍的危機。要先與對手保持距離，觀察對手接下來的動作。

Question

Q 有什麼提升盤球技巧的練習法嗎？

Answer

A 多多接觸球，找出適合自己的控球距離。

提升盤球技巧的方法，就是多多接觸球。在此介紹能與球培養感情，並能學會自由自在控球的遊戲。

來練習！

模仿盤球

練習方法

1 二人一組分別持球，站成一前一後。

2 前方的人試著在盤球中甩掉後方的人。

3 後方的人模仿前方的人盤球的動作，並緊追在後。

盤球鬼抓人

練習方法

在地面畫一個圓，圓的大小要配合人數（五個人所需的圓大約是直徑十公尺）。在圓當中自由盤球，並伸手去碰觸別人的背。碰一次得一分，大家比賽在五分鐘內能拿幾分。

和隊友一起做！
中場休息
HALF TIME

怎麼樣才能跑得快？

～足球與田徑比賽的「跑步方式」差異～

腳程快對足球選手來說是一大武器。可是，跑得快的能力是與生俱來的嗎？有沒有什麼訣竅或方法，可以加快跑步速度呢？

和田徑比賽的一百公尺短跑不同

說到跑步快，大家或許會聯想到田徑比賽的一百公尺短跑。不過，在足球比賽的球場上，並不會一口氣直線衝刺一百公尺的距離。當然一百公尺短跑跑得快是好事，但就算一百公尺短跑跑得快，也不見得在踢足球時就能占優勢。足球需要的跑步方式與田徑比賽中一百公尺短跑並不相同。

鍛鍊爆發力！

在短時間內運動身體的能力就是「爆發力」。足球與田徑不同，有很多情況需要快速跑五到十公尺，或是比對手更往前一步，所以爆發力很重要。

第一步的勝負在起跑時就成定局，而迅速起跑的訣竅就是將身體壓低。腦中想像田徑短跑的低姿勢起跑，試著練習看看吧！

培養判斷力！

跑得快的另一個祕訣是「判斷力」。這是指判斷出該如何跑、跑到哪裡才能製造機會的能力。只要能迅速判斷出奔跑路徑，就能比對手早幾步先行起跑，掌握優勢。為了提高判斷力，在小型練習賽中可以定下自己的規則，例如在二次觸球以內傳球出去、接到球後三秒內傳球出去等，以此做為練習。

第5章 射門！

再往前一點！
邊路、邊路！
解圍得漂亮！
仁和弘加入後，整體狀況進步很多。
新成員的存在似乎成了良好的刺激。
周人，為什麼不傳球給我？剛才我是無人看管的啊！
因為我覺得我好像可以射門。
還好意思說這種話，你到現在連一球也沒踢進去啊！把球傳給我這個王牌啦！

什麼？我才是王牌！
王牌是我！
他們又來了……
喂！每個人正式的位置還沒決定，接下來要開始做射門的練習。
前鋒
中場
後衛
守門員
等看過練習的結果，再來決定位置。
DORADORA
教練教練！我絕對要踢前鋒！
我也是！
我踢中場就行了。
我要踢後衛。
射門練習所有人都要參加。
定點踢球一個人就可以做到，所以我們要練習的是踢運動中的球射門。
撞牆傳球，二過一傳球然後射門。

千繪，麻煩你當守門員。
好。
中村！
咚
是！
噠
砰
砰
哇、哇、我該往哪裡射門才好？
慢吞吞
砰
哇！
在射門時猶豫，守門員就會撲出來，擋住射門的空檔。
DORADORA

啪
砰
好厲害！千繪守住了每一球。
千繪加入日出朝陽以來，一直全心專注於擔任守門員。
我對守門員這個位置可是很自豪的。
儘管來吧！
百合香！
是！
砰
噠
不過本小姐我，至今可是一直和千繪一對一練習喔！

砰
!!
是假動作！
砰
千繪，如何啊？
嘖，我實在對百合香沒轍。
真厲害！
可惡，我也做得到！

跑
周人！
是！
擋
嗚哇！已經沒有射門空檔了。
砰
嗯，歪嘍！
剛才那球不算，再一次！
可惡，一球都沒進！
砰
咻
再一次！
啪咻
再一次！
咚

這下子你懂了吧？日出朝陽的王牌就是我！
你就閉上嘴，乖乖把球傳給我就行了。
可惡！
哥，教我射門！
怎麼這麼突然？
我被百合香瞧不起，太不甘心了！
什麼嘛……反正傳球給百合香就有機會進球，你傳球給她就好啦！
這就叫團隊合作。
我想靠自己得分，靠自己！
你啊……打算放棄踢足球嗎？

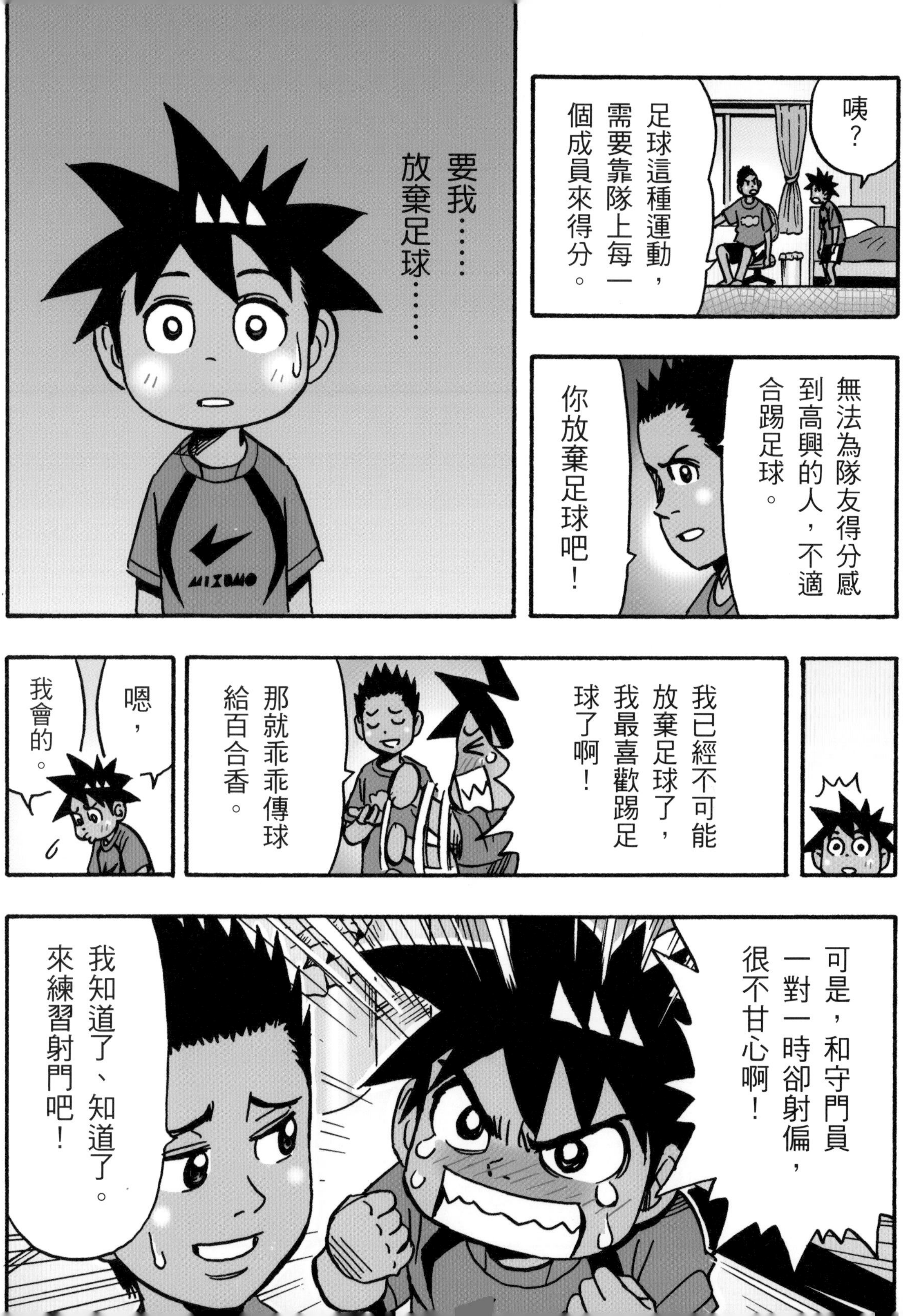
咦？
足球這種運動，需要靠隊上每一個成員來得分。
無法為隊友得分感到高興的人，不適合踢足球。
你放棄足球吧！
要我……放棄足球……
我已經不可能放棄足球了，我最喜歡踢足球了啊！
那就乖乖傳球給百合香。
嗯，我會的。
可是，和守門員一對一時卻射偏，很不甘心啊！
我知道了、知道了。來練習射門吧！

想要在和守門員一對一時射門，對職業選手來說也很困難。
如果守門員是個好選手，那就更難了。
首先，練習用腳內側踢球，瞄準特定方向。
接著，學會在移動時朝球門門框中射門的技術。
對付守門員的方法，等之後再說。
我來扮演守門員，站在正中間。你瞄準左右兩邊。
好！

要在二次觸球以內射門喔！
咚
支撐腳朝向瞄準的方向！
頭抬起來，膝蓋要柔軟彎曲！
踢空
哇！
傳球不只會傳到腳邊，也有可能是從空中傳來！
你要看清楚球，用腳內側觸球！
強勁射門要用正腳背踢！
對，用兩手保持平衡！

隔天
沙
周人那傢伙，要求今天也讓他做射門練習。
這傢伙真是學不乖。
教練，可以嗎？
可以啊！千繪，盡全力守住，不需要放水。
OK
周人看起來一臉充滿自信。八成是跟哥哥練習過了吧……
請多指教！
砰

砰
哎呀，周人踢的角度很不錯，但是都被守門員完美擋下了。
真厲害。
……
千繪還真的一點也沒有放水。
可惡，為什麼啊？
周人，聽我說……
你都是用腳內側踢球瞄準角度，為什麼不用正腳背用力踢出強勁的一球？
面對千繪，軟趴趴的球可是不管用的。
因為我用正腳背踢球，還沒辦法把球踢到瞄準的地方。
我教你一個辦法，讓你突破千繪的防守並進球如何？
真的嗎？

教練，拜託再來一球！
好！
跑
咚
噠
守門員馬上就衝出來了！
沒有射門的空檔啊！
!!

哇
啊啊啊
進球了!
太棒了,進了!
大家都為我的進球而開心!這明明不是他們自己進的球。
隊友真是太棒了,足球真是太棒了……
周人,太好啦!
真厲害!
百合香,你給了周人什麼建議?
我叫他瞄準守門員,用力一踢。
就這樣?
在移動中用力踢球,球不會飛往瞄準的方向,所以瞄準守門員,球的方向就會很剛好呢!
原來你一直都是靠這招進球的嗎……
打擊

射門與防守

足球的目標是進球，不得分就贏不了比賽。
先學會得分所需的射門訣竅，以及防止射門的防守技巧吧！

Question
Q 射門是什麼？

Answer
A 就是進球，足球當中最重要的一環。

為了確實進球，必須從遠離守門員的地方射門。看清楚守門員的位置，再精準射門。射門一般都是用踢或是用頂的，不過只要不用手，用身體的任何部位進球都沒問題。足球最大的目的就是進球。只要有機會，就瞄準球門盡量射門吧。

足球球門的大小

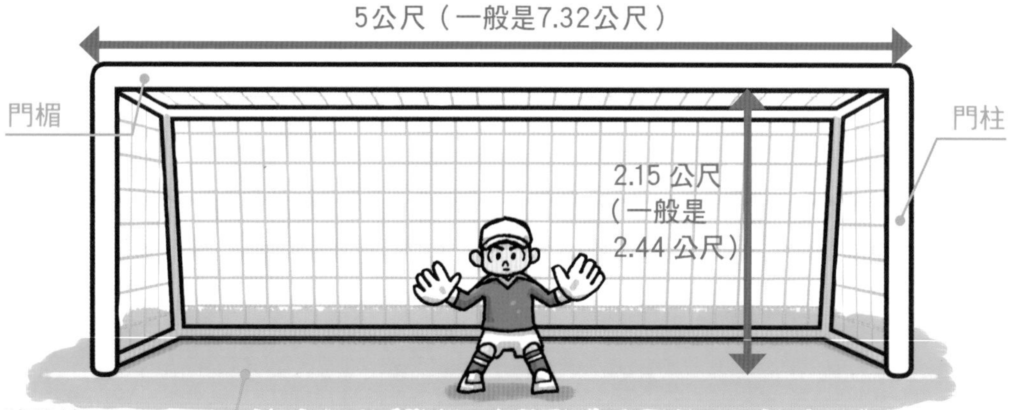
5公尺（一般是7.32公尺）
門楣
門柱
2.15 公尺
（一般是
2.44 公尺）
球門線

球若未完全越過這條線，就不算得分。壓線算進球無效。

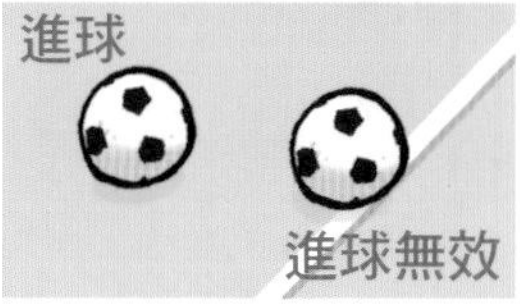
進球
進球無效

不射門就
無法得分！

Question

Q 射門時的重點是什麼？

Answer

A 踢球前看守門員，踢球時看球。

無論射門再怎麼強勁迅速，球要是飛往守門員的正面，進球可能性就會降低。射門前要先看守門員，確認對方的位置，再瞄準空隙。為了讓球往瞄準的角度飛，必須注視著球精準踢出。此外，射門時切忌慌張，要冷靜沉著。先用慣用腳練習，之後再練習用另一隻腳也能精準射門。

準確射門的訣竅

1 眼睛盯著球。

2 支撐腳穩穩踏出。

3 注視著球，踢中球中心。

4 踢球時，腳要充分擺動。射門後，注視球飛的方向。

這點要注意！

沒看著球

射門時，如果目光離開了球，就無法穩穩的踢出球，也無法踢往瞄準的角度。

沒有觀察周遭狀況

只顧著看球也不行，記得確認周遭狀況。在被對手包圍的不利狀態下射門也只會被擋下，就算隊友前來支援，也會無法注意到。

※箭頭的含意 → 腳或身體的移動方向 → 球的移動方向

Question

Q 該用什麼踢法射門？

Answer

A 用最好踢的踢法射門。

要思考該往哪裡踢出何種射門，才容易進球。無論射門再怎麼強勁，沒射進球門內就無法得分。抱著往球門傳球的心態，瞄準角度射門吧！

以正腳背踢球強勁射門

踢球瞬間看著球。
視線追著球飛的方向。

1 眼睛盯著球，踏出支撐腳。

2 腳背踢中球的中心。

3 像是把球順勢推出去一樣，腳踢出去。

以腳內側踢球精準射門

直到踢中球心的那一刻，眼睛都要盯著球。
支撐腳的腳尖朝向瞄準的方位。
視線追著球飛的方向。

1 眼睛盯著球，踏出支撐腳。

2 腳內側接觸球中心，將球推出去。

3 腳充分向前擺動。眼睛牢牢盯著飛出去的球。

Question

Q 射門前的重點是什麼？

Answer

A 仔細觀察周遭，迅速下判斷。

射門時，比起踢靜止的球，更常見的是接獲隊友傳球後射門這類狀況，也就是說踢的大多是運動中的球。要配合周遭狀況迅速判斷，迅速採取行動。

進入射門姿勢的方法

考慮周遭的狀況。
確認球門的位置。

1 接獲傳球前，先確認對方選手與球門位置。

支撐腳朝向球來的方向。

2 停球的同時，身體轉往球門方向。

3 一邊緩衝球的來勢，一邊將球運到容易射門的位置，身體面向球門正面。

4 支撐腳穩穩踩在球側面，用能夠讓球精準飛往瞄準方位的踢法射門！

這點要注意！

不可以只顧著注意踢球，而忽略確認守門員的位置。用力射門當然很重要，但是瞄準守門員沒守著的位置也一樣重要。

Question

請教我射門的重點！

Answer

要想像射門之前的流程。

盤著隊友傳來的球，一邊在盤球的同時射門。在這種時候的重點，就是要先想好該在哪裡射門，並好好控制住球。

接獲傳球後盤球射門

1 接住滾過來的球。

2 想好預備射門的位置，盤球過去。

3 看清楚守門員的位置，射門！

與守門員一對一的射門

1 確認球門位置，盤球接近守門員。

2 觀察守門員的動作，以假動作誘敵。

3 閃過並移動到守門員無法處理的位置，朝球門大腳一踢！

Question
Q 請教我對比賽有幫助的射門練習法！

Answer
A 先用瞄準球門遊戲來練習吧！

比賽中，射門的機會很有限，所以一次機會都不能浪費。即便是練習時，也要想像比賽的狀況，注意正確踢球方式，全心投入於練習。

來練習！

瞄準射門遊戲

瞄準球門（或牆壁）上的標的練習射門。

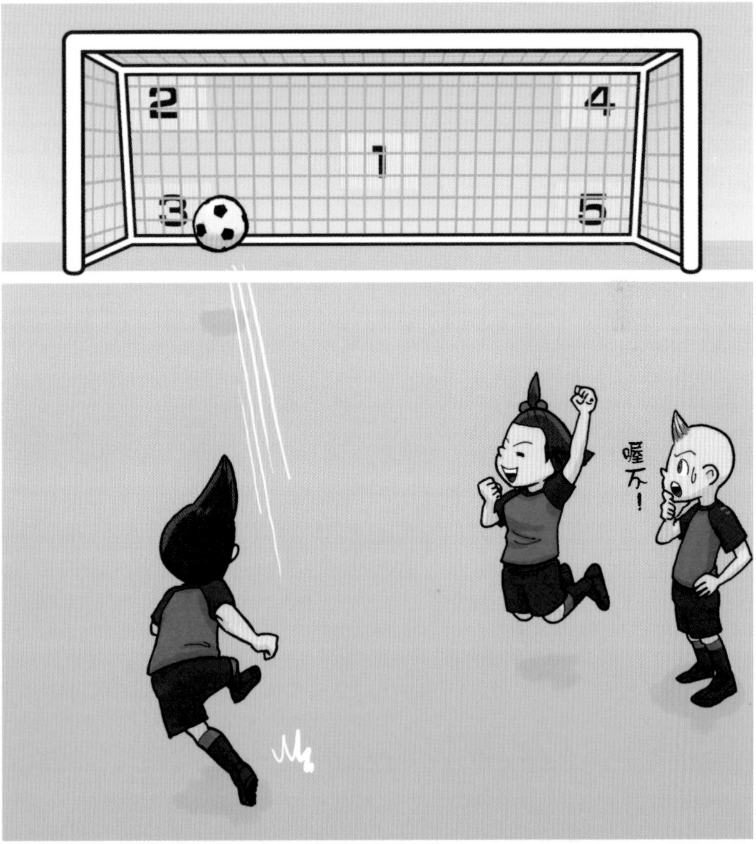

練習方法

在球門（或牆壁）的四個角與正中央貼上寫了數字的牌子，瞄準這些標的練習射門。各標的的分數以難以瞄準的四角較高，容易瞄準的中央較低，偏離標的則是0分。

可以限制踢法種類，或是改變距離與角度，設定各種遊戲規則，會更有趣。

來練習！

自由射門

朝著球門用力射門。

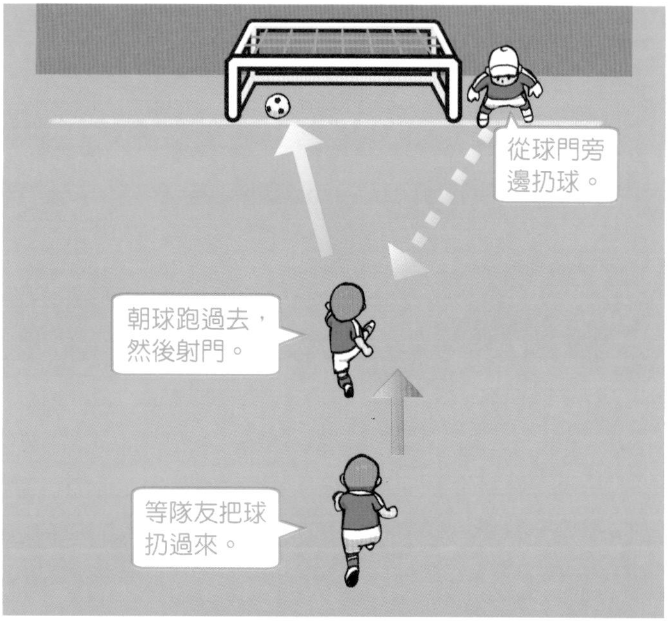

從球門旁邊扔球。
朝球跑過去，然後射門。
等隊友把球扔過來。

練習方法

從球門旁邊，朝著進攻球員扔球。進攻球員朝球跑過去，一開始先停球一次再射門。

能夠停球一次再射門後，接著換成不停球直接射門。

可以改變扔球的速度，或是讓球落地彈跳，練到無論碰到哪一種球都能射門。

穿越胯下射門

讓球穿越守門員胯下後過人，接著射門。

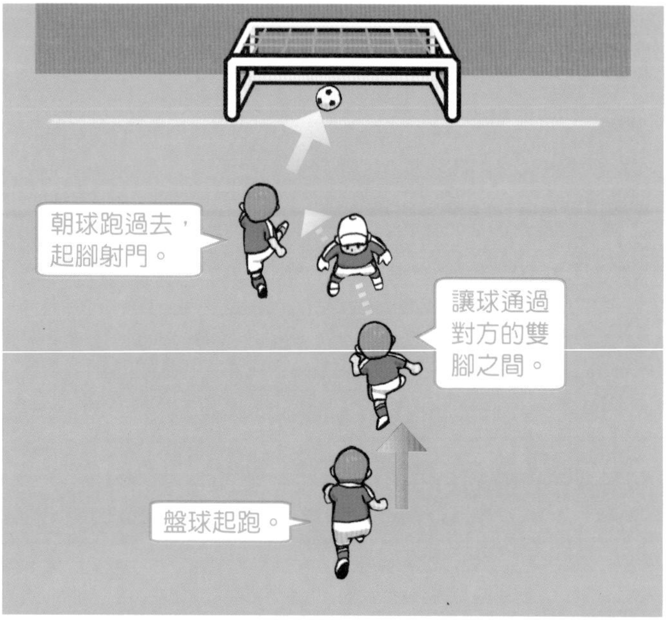

朝球跑過去，起腳射門。
讓球通過對方的雙腳之間。
盤球起跑。

練習方法

進攻球員與守門員二人相隔三至四公尺面對面，守門員背對球門，張開雙腳站立。

進攻球員盤球接近球門後，輕踢讓球通過守門員雙腳之間。

追上滾過去的球，再起腳射門。

Question
Q 該怎麼做才能擋下射門？

Answer
A 擋住球與球門連成的一直線。

防守時的站位

防守的目的在於防止對方得分。防守時，要留意著擋在對方的球與球門連成的直線上。這樣一來，就能擋住通往球門或射門的盤球路徑。

此外，拖慢對手攻勢，等待隊友前來支援，也是防守的一大任務。

防守時的移動方法

●限制前進方向

限制對手前進的方向，將對手逼向球場外側，遠離球門。

●守住慣用腳

避免讓對手以慣用腳射門，卡在慣用腳前擋住射門角度。

這點要注意！

要是主動去搶球，可能會被過人，或造成讓對手往空出來的位置傳球的危險。

Question

Q 進球・阻止進球的練習方法是什麼？

Answer

A 進行一對一射門練習。

一對一練習對「想閃過對方」的進攻球員，與「想搶走對手的球」的防守球員來說，都是很有效的練習。一對一技巧變得越強，足球踢起來就越好玩，盤球與假動作的花招也會跟著增加喔！

來練習！

角色固定的一對一

繞過防守球員並射門。

防守球員
進攻球員

練習方法

在球門前，防守球員與進攻球員面對面站立（防守球員背對球門）。另外一人從球場邊將球交給進攻球員，開始一對一。

防守球員擋在球門與進攻球員之間，設法讓進攻球員遠離球門，搶到球就獲勝；進攻球員要繞過防守球員並射門，進球就獲勝。

達線一對一

盤球繞過防守球員，突破邊線。

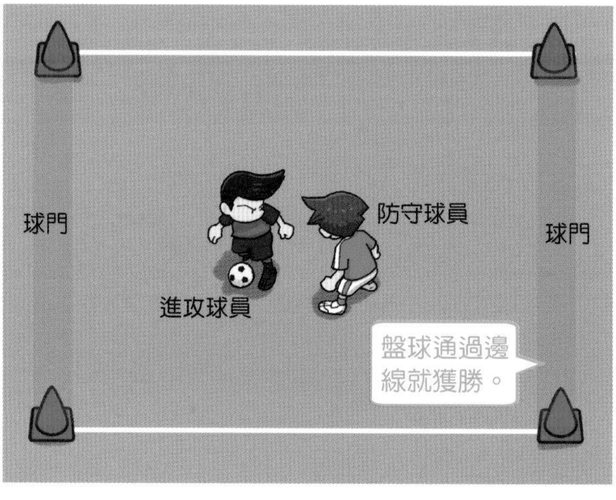
球門
防守球員
球門
進攻球員
盤球通過邊線就獲勝。

練習方法

用三角錐圍出四角球場，將左右邊線當成球門，盤球通過邊線就算進球。進攻球員要控住球，不讓球被防守球員搶走，並以通過邊線為目標；防守球員要搶走進攻球員的球，以盤球通過另一條邊線為目標。先通過邊線的人獲勝。

Question
Q 守門員的基本姿勢是什麼？

Answer
A 放鬆站立，隨時盯著球。

守門員的基本姿勢就是要放鬆身體力道，以便對各種方向都能做出反應。此外，還要隨時注意盯著對方球員。

守門員的基本姿勢

重心稍微往前。
頭固定不動，視線隨時盯著球。
放鬆站立，以便能迅速反應。
膝蓋微彎。
雙腳與肩膀同寬。

這點要注意！

腳不要張太開

腳張太開，對球的反應速度就會變慢。此外，也容易被對手瞄準雙腳之間，踢球從中穿過。

重心不要放在後方

重心若放在後方，防守時容易往後摔倒。就算能將射門的球撲出，也有可能在站起來的期間失分。

Q 守門員該如何接球？

A 盡可能用身體正面接住球。

無論何種狀況，都要以身體正面面對持球的對手。在身體前方接住球。這樣一來，萬一球穿過試圖接球的手，也還能用身體擋住。

記得在身體前方接球，這樣就算沒接到，也能用身體擋球防止得分。

拇指與食指形成三角形，從球的偏後方抓住球。

這點要注意！

從左右兩邊抓著球，球很容易滑脫。

接球方式依球的高度而異

●低平球

移動到球來的路徑上，雙腳前後張開，在身體正面接住球。不可以只伸出手接球。

●高空球

一腳蹬地跳起，用雙手接球。

站位的方式

守門員要在球門與球連成的直線上移動。這樣的移動，可以限縮對方球員的射門路徑。

和隊友一起做！

中場休息

HALF TIME

為什麼練習時做得到，比賽中卻做不到？

～比賽與練習心態的不同～

「練習時明明做得很好，一到比賽卻無法完全發揮」，這類型的人問題出在哪裡？要是問題在於心態，該如何解決呢？

害怕失誤因而踢不好？

在練習時做得到，比賽中卻無法發揮的原因是什麼？比賽與練習有哪裡不同呢？原因或許就是太過於在意失誤。

練習的目的是避免在比賽中失誤，而練習的成果會連結到比賽的結果。為了能充滿自信地在比賽中踢球，平常練習時也要隨時想像成自己是在踢比賽。

足球就是一種會失誤的運動

為了不再害怕在比賽中失誤，最重要的就是「保持自信」。比方說，練習時設定「用腳內側踢球連續踢中三角錐五次」之類的目標，累積成功的經驗，就能逐步培養自信。

但足球就是一種會失誤的運動，再有名的選手，也不可能整場比賽都沒有失誤。失誤時就得靠隊友彼此補位，此外也不要責備隊友的失誤。不要在意失敗，相信自己的判斷去踢球，如此一來就能享受足球，發揮最棒的技巧。

第6章 頂球！

〇月X日
X市廣域公園運動場
主辦（財）足球協會、公益財團法人體育協會運動少年
人權意
衝出馬
距離大賽終於只剩一週了！
要狠狠打敗藍色閃電俱樂部！
有氣魄！我找了一些人，當你們大賽前最後一場練習賽的對手。
咦，是哪裡的隊伍？
是我們。
哥！
我請了日出朝陽的畢業球員，當今天的練習對手。這次的大賽也會有五、六年級生參加，所以你們要透過和國中生比賽，掌握面對體型高大的選手的感覺。

唰
嗶嗶
畢業球員七人，對小學生正式選手八人。分上下半場，一場十五分鐘。
嗚喔！我們這隊多一人。靠傳球把他們耍得團團轉吧！
哦哦！

仁！
咚！
擋
弘！
周人！
砰
砰
砰
砰
哦，踢得不錯嘛！
漂亮的互傳！
踢
百合香！
無人看守！
咚

砰
豪田！
沒想到我們竟然會被小學生拚到射門這一步啊……
嘿！
咚～
哇！
啪沙

得分！
耶—
用一個頭槌就突破守門員的防守……
哥，你太詐了！
面對你們，當然要運用身高優勢。
多動動腦吧！
讚—
咚—
咚—
可惡，用身體擋！
不要讓他們頂球！
踢

匡
噹
咚
砰
耶！

嗶嗶
上半場結束！
OB
現役
0
1st
4
2nd
Total
嗚、嗚……
千繪，別哭啦……
對啊！都要怪對手太犯規了。所有人都長那麼高。
教練，請問要怎麼防止身材高大的人頂球？
靠跑位。
只要比對手更快搶到球的落下地點就行了。
這樣一來，無論對方再怎麼高大，都很難隨心所欲頂球。
好！不會再讓對方得分了。

咚
好，先搶到落下地點了！
撞
砰
喂！
剛才那是正當的爭頂球，不算犯規。
砰
咚
啪沙

現役
OB
1st
0
4
2nd
0
3
Total
0
7
嗶嗶
再見，周人，下週加油喔！
辛苦了，謝謝你們。
垂頭喪氣——
呃……我安排這場比賽，不是為了害你們在大賽前失去自信。
那不然是為了什麼嘛？
為了讓你們在正式大賽上，即便面對身材高大的對手也不會驚慌……
以及讓你們體會頂球的威力。
只要能善用頂球，就會成為一大武器。
就算個子矮小，也會碰到用頂球的機會。
DORADORA

眼睛要牢牢盯著球，不要閉上眼！
上半身後仰，用反作用力將球頂出去。
DORADO
接觸球的位置是髮際下方，用額頭穩穩去頂！
用頂球改變球的方向時，必須扭轉上半身。
不可以只轉動脖子。
頭球攻門的基礎，就是把球往地面頂。
讓球落地反彈，使守門員反應不及。

咚
咚
咚
咚
咚
頭固定，上半身往後仰，跳起來！
下巴縮起，從頭到尾都要看著球！
咚
咚
咚
咚
KIBIN
健人，周人是在做什麼？
他在練習頂球，我以前也做過。
周人，我教你一個我祕藏的「頂球精髓」如何？
咦，是什麼？
9月
20
星期五
9月
19
星期四
9月
18
星期三
9月
17
星期二

○X少年足球大賽
接著，大賽當天——
得先從預賽分組中晉級，才能和藍色閃電比賽啊……
菲特俱樂部
葉油菜花
藍色閃電
加雷俱樂部
第五小學
日出朝陽
綠色泉源
山手紫光
你們看到第一場比賽的對手了嗎？他們都長得好高。
什麼！
哇！
哇！
日出朝陽
第五小
0
1st
0
2nd
撞
嘿嘿，你們隊裡全是一群矮冬瓜。
什麼！
擠
SUNSHINE

咻
百合香！
百合香，傳到球門前！
好！
砰
頂球的精髓在於起跳的時機，還有……

勇氣！
碰
撞
唰沙
進球得分！
太棒了，周人頭槌進球了！
起跳的時機彌補了身高的劣勢！
辦到了……
SUNSHINE

各種頂球方法

足球整體的八至九成動作都是用腳踢，但空中的球很多都是用頭去頂。讓我們學會基本的原地頂球、踏前頂球、跳起頂球，抱著不畏懼的心去挑戰。

Question Q 頂球不會痛嗎？

Answer A 用對位置就不會痛。

欲加強頂球技巧，就必須弄清楚該用頭部哪個位置接觸球。這個位置稱為「觸球點」，位於髮際稍下方的額頭堅硬的部分。位置多少會因人而異，所以就在練習中摸索吧！

觸球點

頂球的基本動作

和踢球時一樣，但在頂球時特別重要的是，直到額頭觸球為止都要緊盯著球。要是頂球時不看球，球會撞到臉或頭部側面，那可是很痛的唷。

頂球時，要先預測球落下的位置，迅速移動過去。接著眼睛盯著球，用額頭的觸球點去頂。頂到球時，要像彈簧一樣運用上半身的力量，將球推出去，這樣就會成為有威力的一次頂球了。

眼睛盯著球。
運用上半身將球推出去。
移動到球的落下地點。

抱著勇氣去頂球吧！
8
SUNSHINE

Question
Q 如何練習抓住頂球的時機？

Answer
A 將球拋往頭上方再接住。

頂球時，重要的是記住球的位置與自己頭的位置之間的關係。反覆在頭實際接觸到球之前，在頭的近處用手接住球。練習時，從頭到尾都要牢牢盯著球喔！

1 自己將球拋往頭上方。

來到球的落
下地點。

2 迅速來到球的落點。

在觸球點
前接住。

3 眼睛牢牢盯著球，在球即將接觸到額頭的前一刻伸手接住。

在跳躍到最高
點時接住。

4 習慣後，再挑戰跳起接球的練習。

這點要注意！

要是誤判落點，身體因而前傾或後仰，就無法完成強勁的頂球。

※箭頭的含意 → 腳或身體的移動方向 → 球的移動方向

Question

Q 原地頂球的重點是什麼？

Answer

A 身體配合球飛過來的軌道。

雙腳站在原地的頂球，就是原地頂球。用於空中傳球或是解圍的時候。

用胸部保持平衡。
不是用頭，而是用上半身將球推出去。

1 確認球的軌道，來到落下地點。縮下巴，上半身後仰，準備等球掉下來。

2 後仰的上半身往回彈，利用這股作用力，額頭用力觸球。

3 上半身順勢往前推，讓球強勁地飛出去。

改變球的方向

用頂球改變球的方向時，若只擺動頭，便無法達到強勁的頂球。當觸球點碰到球後，要將整個上半身扭向想把球送過去的方向。

縮下巴。
雙膝微彎。
運用手臂保持平衡。
運用雙膝加強球的威力。

1 預測落下地點，上半身後仰預備。

2 後仰的上半身往回彈，利用這股作用力，額頭用力觸球。

3 上半身使勁地轉向想把球送往的方向。

Question

Q 踏前頂球的重點是什麼？

Answer

A 運用身體與手臂的動作，增加球的威力。

向前踏出左或右腳再頂球，就是踏前頂球。這可以利用用力蹬地的力量，頂出強勁的球。可用於射門、傳球、解圍等，在比賽中最為常用。

一腳往
前踏。

1 來到飛過來的球落下的地點。縮下巴，上半身後仰，準備頂球。

用手臂保
持平衡。

2 兩臂張開以保持身體平衡，同時用觸球點用力觸球。

頭的動向
手臂的動向
用手臂後拉
的反作用力
增加威力。

3 後仰的上半身回原位，利用這股作用力將球推出去。還可以利用擺動手臂，增加球的威力。

手臂的動向
若沒有縮下巴，
就無法把全身力
道灌注在球上。
頭的動向

4 上半身順勢往前傾，這樣就能讓球強勁地飛出去。

這點要注意！

看清楚球飛來的方向再擺動身體，否則就無法順利頂到球。此外，要是沒有用觸球點頂到球，就無法控制球往哪個方向飛。

Question

Q 躍起頂球的重點是什麼？

Answer

A 起跳時機與在空中保持平衡。

跳起來頂球，就叫做躍起頂球。在空中時，必須運用雙臂來避免失去平衡。只要起跳時機足夠巧妙，身材嬌小的選手也能在與對方球員競爭時勝出喔！

眼睛盯著球。

1 預測球飛過來的軌道，先來到落點處。

手臂往前擺。
上半身後仰。

2 跳起來，以便在自己所能跳到的最高點頂球。在空中將上半身後仰。

手臂向後收，製造出反作用力。

3 眼睛盯著球，以觸球點觸球。

縮下巴，運用上半身將球推出去。

4 後仰的上半身往回彈，以此增加球的威力。

這點要注意！

若預測錯誤球的落點，就得用彆扭的姿勢遷就球，無法頂向瞄準的方向。

Question
Q 該怎麼練習頂球？

Answer
A 練習用觸球點接觸球。

無論是什麼樣的頂球，共通的重點都是要用觸球點接觸球。不要害怕，眼睛盯著球，試著掌握用觸球點接觸球的感覺吧！

來練習！

吊起球（個人練習）

練習方法

將球裝進有繩子的網中，並吊起來。對著垂掛下來的球練習頂球，球會自動彈回來，所以只有自己一個人也能對著動態的球練習。

海狗頂球（個人練習）

練習方法

將球放在觸球點上，晃動腦袋來取得平衡，小心不要讓球掉落。以維持二十秒為目標吧！

頂球遊戲（組隊練習）

1

練習方法

二人隔二公尺的距離面對面，左右各擺一個三角錐做出球門。膝蓋跪地，自己將球拋往正上方，瞄準對方球門頂球。

2

對方沒接住，導致球越過球門就算進球。當自己的球被接住，就換對方頂球。

和隊友一起做！

中場休息

HALF TIME

想擁有強健體魄，一定要做重訓嗎？

～足球必備的基礎體力①～

事實上，小學生做重訓的成效不彰。比起重訓，累積各方面的運動經驗，並磨練平衡感反而更為重要。與其當成辛苦的訓練，不如當作遊戲一樣樂在其中，並且專注地鍛鍊吧！

伏地挺身姿勢的遊戲

※為了避免受傷，記得在草皮或人工草皮上進行。

伏地挺身相撲

二人一組，以伏地挺身的姿勢面對面，保持這個姿勢試著拍掉對方的手。失去平衡而身體著地的人就輸了。

伏地挺身猜拳

二人一組，以伏地挺身的姿勢面對面，保持這個姿勢猜拳。身體先著地的人就輸了。

手傳球

1 二人一組，以伏地挺身的姿勢面對面，一人右手拿著球。

2 將球往對方的右手丟，接到傳球的人也同樣以右手回傳，左右手輪流進行。一分鐘內能做幾次呢？

鍛鍊平衡感

透過走路、相撲、撐體……鍛鍊平衡感，足球也會踢得更好！

腳尖走路
腳跟走路

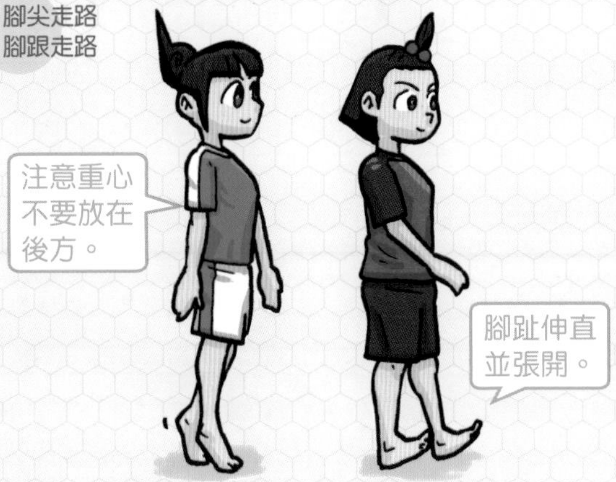

試著僅用腳尖或腳跟著地走路。沒有失去平衡，並能直線走最長距離的人就獲勝。

推拉相撲

二人一組，面對面蹲著並手牽手。彼此推拉，身體先著地的人就輸了。

撐體1
（一次十五秒）

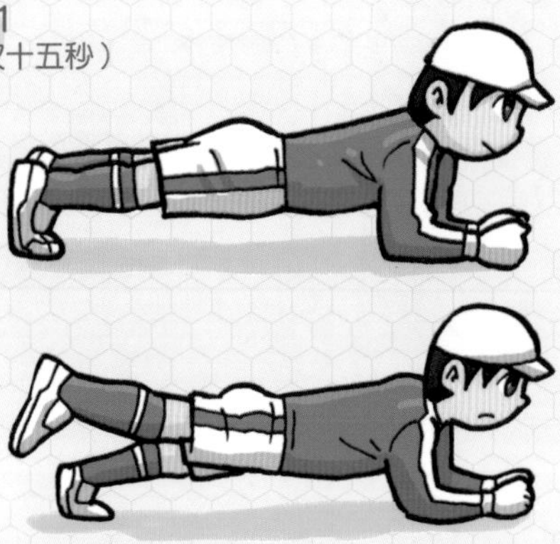

兩肘與兩腳腳尖著地，身體維持一直線的姿勢保持平衡。習慣後，抬起一隻腳並保持平衡。

撐體2
（一次十五秒）

身體轉向側面，以手腳保持平衡。注意臀部不要向下沉，從頭到臀部都要打得筆直，並保持平衡。

平時的動作就能成為一種訓練

即便是平常簡單的小動作，用點巧思就能變成一種訓練。比方說倒退著高抬腿跑，或是手一邊繞圈一邊跳躍……諸如此類的訓練。除了足球以外，也要挑戰各種運動，充分活動身體喔！

第7章 上場比賽！

日出朝陽2-0綠色泉源
砰
日出朝陽3-1山手紫光
砰
噹噹
第五 日出 綠色
第五小學 X 1-2 O 1-0
日出朝陽 O 2-1 O 2-0
綠色泉源 X 0-1 X 0-2
山手紫光 O X X
太棒了！我們第一次突破預賽，下一場總算要對上藍色閃電了。
很好！
海山丘
日出朝陽
藍色閃電
仁、弘，一定要贏過把你們趕出來的藍色閃電，讓他們認輸求饒！
SUNSHINE
你說要讓誰認輸求饒？
你……你是！

藍色閃電的澤村光！
什麼嘛，你們突破預賽了嗎？這場大賽的水準真低啊！
你說什麼！
BLUE
7
算了，反正預賽都是以替補選手為中心的二流隊伍，接下來我也差不多可以拿出點真本事了。
可惡～～～
各位，我們絕對要贏過那些混帳！
哇
哇
大賽第二天——複賽，日出朝陽對上藍色閃電。

好，之前那場雖說是練習賽，但藍色閃電是我們曾贏過一次的對手。
DORADORA
抱著自信上場吧！
是！
嗶嗶
鏟
要上嘍！
BLUE
啪
啪
啪
啪
這就是藍色閃電真正的足球實力？
傳球的速度好快！

咻
砰
咚
不會吧……竟然從那麼遠的距離……
還沒結束呢！才被拿一分而已。
擋
咻
啪
撥
撥
我的假動作過人，你擋得住嗎？

砰
上半場結束！
不行，完全比不過他們……
藍色閃電
2
1st
2nd
Total
SUNSHINE
怎麼啦？我不是要你們像平時一樣踢球嗎？
可是……

周人，你平常都是帶著這種表情踢足球嗎？
……
踢足球很無聊嗎？
不會。
就是這樣，踢足球是很開心的！
不要在意結果，好好享受踢足球的快樂吧！
那就笑吧！就像平常一樣，就算用擠的，也要笑出來。
哈哈哈…
沒錯，大家也笑幾聲來聽聽。
哈哈哈哈
是！
咧嘴笑
喔，還以為你們會很沮喪，想不到挺有精神的。
就讓我把你們的幹勁通通粉碎！

嗶嗶
哇
今天要得幾分好呢？
才不會讓你為所欲為！
擋
混蛋！
咻
啪
沙
兩人盯防！
擋
擋
我哪有可能被你們這種人搶走球！

砰
傳球被猜到了！
百合香！
咚
傳球穿透防線了！
啪
與守門員一對一！

百合香，用力射門吧！
咚
!!
啪沙
進球！

太厲害了，直接穿越守門員胯下射門。百合香，想不到你還有這一招！
哇啊啊啊
抱歉啦，因為瞄準守門員用力射門是最後的大絕招嘛！
後衛，為什麼讓她和守門員一對一！
我沒想到澤村會傳球失誤……
可惡，再拿一分！
傳中！
砰
嗚喔喔喔——

撞
咚！
砰
周人！
咻
又是和守門員一對一！
咚
瞄準守門員，用力……

一踢！
咚
沙
哇
進了！
啊
啊
可惡，你們在搞什麼！
要是輸給這種隊伍，你們都給我滾！

哇／
哇／
鏟
撞
下半場剩十五分鐘，
快沒時間了！
再這樣下去，
會進入ＰＫ戰！
藍色閃電
日出朝陽
2
1st
0
0
2nd
2
2
Total
2
0
10
20
30
可惡，
我不想ＰＫ！
我要把至今練習
過的所有技巧通
通發揮！
擋
擋

擋
精準傳球！
啪
咚！
頂
周人！
咚
精準停球！
然後是盤球！
穿梭
穿梭
穿梭

接著是……
射門！
還有……
你想得美！

充滿勇氣的頂球！

得分！
哇
啊
啊
啊
哇
嗶嗶~
比賽結束！
藍色閃電
日出朝
2 1st 0
0 2nd 3
2 Total 3
太棒了，我們贏過藍色閃電了！
BLUE
7
SUNSHINE
周人，你最後踢得實在太好了！
你很拚呢！
那是因為我絕對不想要進到ＰＫ戰。
跌倒
因為我沒練習過ＰＫ嘛！

啊哈哈哈
你搞笑啊
嘖，那支隊伍看起來氣氛比較開心。
要我加入日出朝陽也無妨喔……
請日出朝陽讓我加入好了。
我也要！
我、我……
什麼？傷腦筋啊！
日出朝陽的宗旨是？
來者不拒。
好，那以後日出朝陽就和藍色閃電一起練習吧！
哇—
……
請問……也可以讓我加入嗎？
藍色閃電教練

位置與陣型

足球之中，選手有各自的職責（位置），在比賽中也有選手的基本布署（陣型）。在此介紹各位置的職責、各陣型的特徵與比賽形式的練習方法。

各位置的職責

前鋒（FW）

最重要的職責就是進球得分，需要具備在任何姿勢、任何位置下，都奮力瞄準球門的積極態度。此外，擁有不因失敗而挫折、正面樂觀的心態也很重要。

中場（MF）

這個位置是位於基本布署的中央，在進攻時負責射門與助攻（傳球協助隊友得分），在防守時負責攔截對方球員的球，身負進攻與防守兩方的職責。分成主要負責攻擊的進攻中場（Attacking midfielder），與主要負責防守的防守中場（Defensive midfielder）。

無論踢哪個位置，為隊伍奮戰的心情都是一樣的！
7
SUNSHINE

Question

Q 有哪幾種位置？

Answer

A 根據職責分成四種。

所謂的位置，就是比賽中球員的基本位置。分成守門員（GK）、後衛（DF）、中場（MF）、前鋒（FW），各自被分配到不同的職責。

後衛（DF）

負責防守我方球門。時常需要從後方積極向隊友作出指示，所以需要具備冷靜的判斷力。位於左右的選手被稱為「邊後衛」，位於中央的選手則被稱為「中後衛」。邊後衛會在邊路來回奔跑，也會參與進攻。

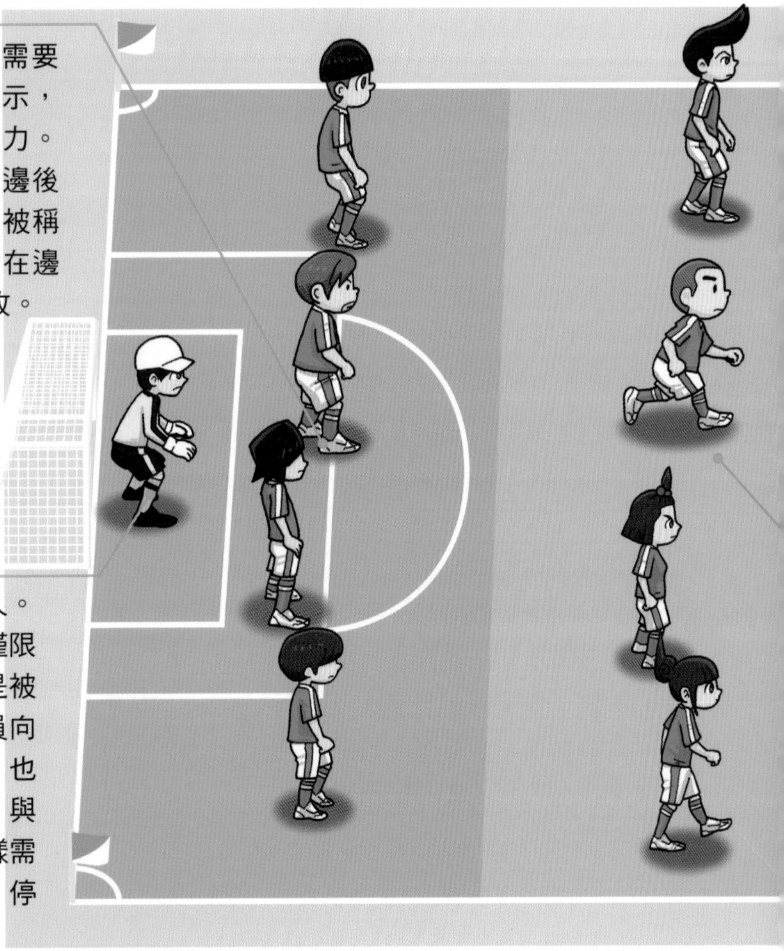

守門員（GK）

隊伍中唯一可用手碰球的人。不過，能用手碰球的範圍僅限於球門前的方框內，也就是被稱為罰球區的位置。守門員向隊友作出防守指示的同時，也要運用手腳阻止敵隊得分。與其他位置的球員相同，同樣需要精通基本的踢球、盤球、停球等腳下功夫。

※位置的排列是以11人制為例。圖片所示的是到中線為止的半場。

Question

有哪幾種陣型？

Answer

有多少隊伍就有多少陣型。

「陣型」指的是比賽中基本的選手布署。時常以「4-4-2」這樣的形式來描述，這排數字從左到右，分別代表後衛（DF）、中場（MF）、前鋒（FW）的人數（守門員只有一個人，所以在陣型中會省略不提）。陣型種類很多，甚至有種說法是，有多少隊伍就會有多少陣型。在此介紹十一人制足球當中具代表性的陣型。

平衡的陣型「4-4-2」

後衛四人、中場四人、前鋒二人的布署，各位置的職責分明。中場的四人呈鑽石形（菱形）站位，重點在於掌握攻擊與防守的平衡。

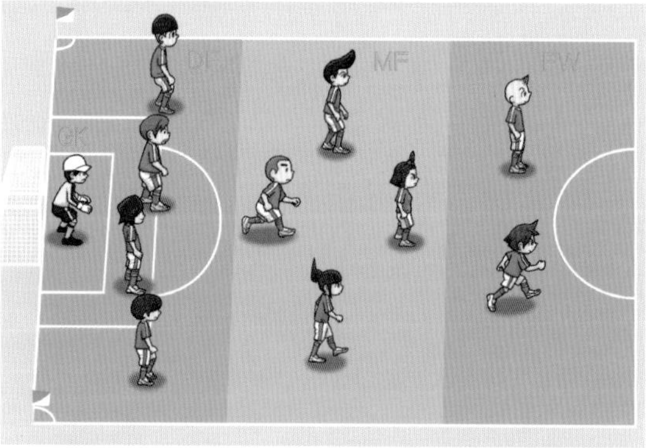

火力超強的陣型「3-4-3」

後衛三人、中場四人、前鋒三人的布署，參與進攻的球員的相當多。兩翼的前鋒被稱為「翼鋒」，時常會從兩側突破對方防線，製造得分機會。

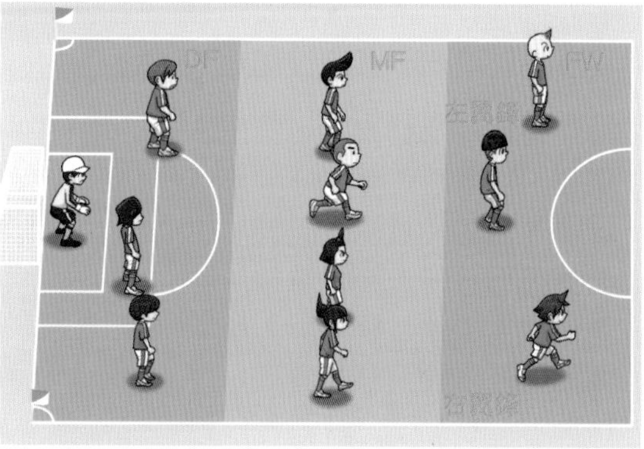

重視攻擊的陣型「4-3-3」

後衛四人、中場三人、前鋒三人的布署。左右兩側的翼鋒可以運用大範圍的球場來進攻。後衛有四人因此很穩定，但中場人數較少，球場中間兩側容易形成真空地帶。

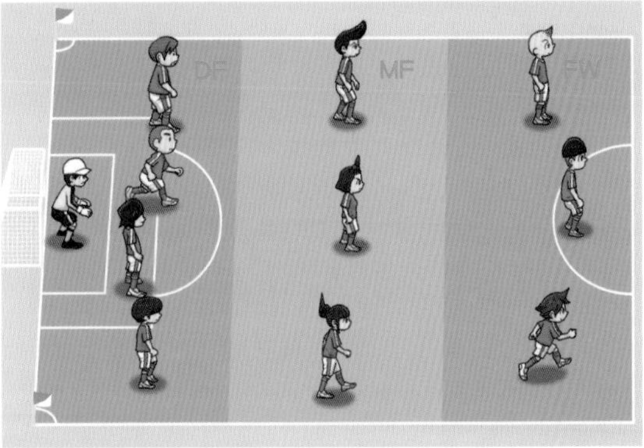

加強球場中央的陣型「3-5-2」

後衛三人、中場五人、前鋒二人的布署。這個陣型有二位防守中場，安排在球場中間的球員很多，因此防守很穩定。

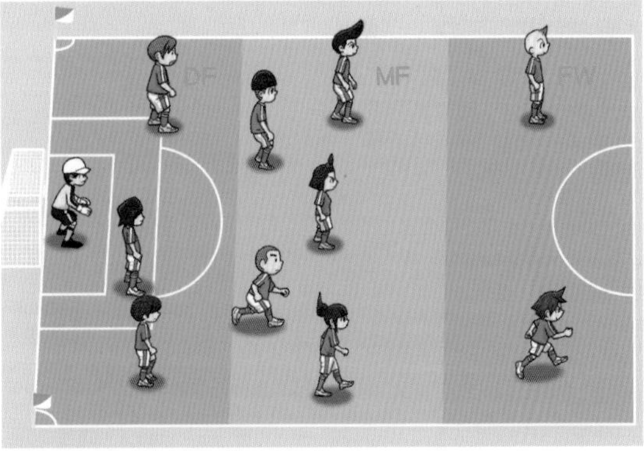

隨比賽發展而變化的陣型

陣型有許多種，但充其量只是在開球時的基本布署。敵方隊伍可能在換人時增加前鋒、為了得分而增加進攻選手、為了避免失分而增加防守選手、我方隊伍可能有人離場，這類的比賽發展都會使陣型出現變化。踢球時不可以固守陣型，必須根據狀況思考自己在比賽中的任務才行。

換人等因素，會使得比賽中的陣型產生變化。

Question

八人制足球與十一人制足球的差異是什麼？

Answer

八人制足球有助於發展個人能力。

在歐洲，基於增進球員技術的目的，小學時踢的足球常會以少人數制進行。透過八人制足球所培養的能力，全都是與十一人制足球息息相關的基礎。一般認為，八人制足球主要可以加強以下能力。

加強個人技巧

由於球員人數較十一人制足球更少，每個人能接觸到球的次數、運用足球技巧的次數也會隨之增加。此外，只要能過人就有機會得分，相反地，若被突破就有失分危機，所以一對一的場面也會增加。別害怕失敗、盡量挑戰，就是通往技巧進步的大道。

只要能過一個人，就有很大的機會得分！

加強思考能力

八人制足球中，若在球場中間或對方球門附近搶到球，就能製造莫大良機，比賽的發展很容易因此改變。所以有機會就要積極進攻，有危機就要協助防守，需要根據狀況踢球。可以加強思考「什麼樣的行動對隊伍最有效」的能力。

踢球時要因應狀況思考。

加強向球門發動攻勢的能力

在小球場進行的八人制足球，兩、三次傳球就能製造射門的機會，所以在八人制的比賽中，射門次數遠高於十一人制的比賽。在比賽中累積射門的經驗，有助於培養冷靜心態與專注力。

盡量製造出在球門前的射門機會。

Question

Q 八人制足球也有陣型嗎？

Answer

A 有，但必須根據狀況變換陣型。

八人制足球也有陣型，但由於人數比十一人制足球少，有時候後衛必須參與進攻，前鋒等進攻型球員幫後衛補位……需要配合狀況去行動。尤其是守門員不只是守在球門前，有時也會加入與後衛之間的傳球，或是傳出有助於進球的關鍵長傳。

攻擊陣型「2-3-2」

後衛二人、中場三人、前鋒二人的布署，各位置的職責分明。攻擊型球員比後衛人數更多的攻擊陣型。

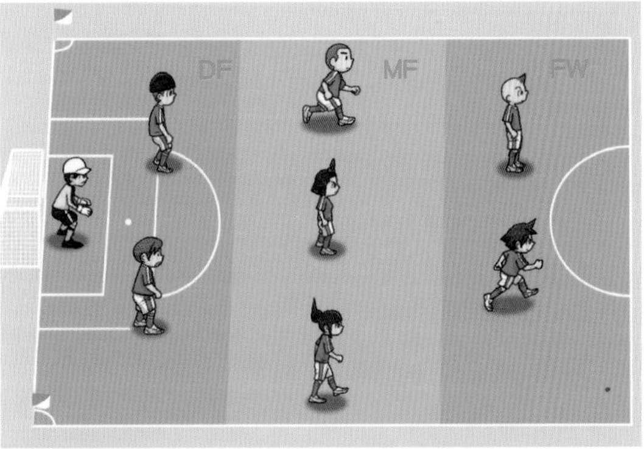

平衡的陣型「3-3-1」

後衛三人、中場三人、前鋒一人的布署，很像十一人制足球「4-4-2」陣型。參與進攻、防守兩種情況的中場會累積很大的運動量，但此陣型平衡良好，不容易失分。

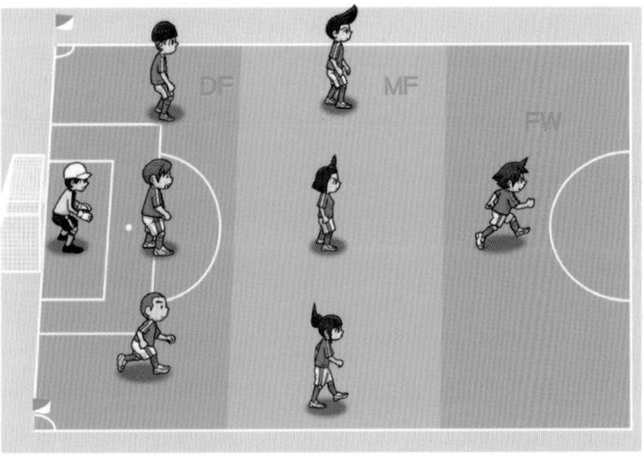

Question

有什麼比賽形式的練習方法嗎？

Answer

迷你比賽很有效。

迷你比賽就是三對三、五對五等，用比一般比賽更少的人數踢足球，盤球、頂球、射門等足球的所有元素都包含在其中。此外，由於人數極少，接觸球的機會隨之增加，很推薦用來加強技術喔！

來練習！

三對三迷你比賽

練習方法

一隊三人，比賽時間十五至二十分鐘。球場大小二十公尺見方，用三角錐擺出雙方球門。由於空間大到非得彼此補位不可，所以運動量也會大增。

二對二的四球門比賽

盤球通過球門後，迅速停下來。

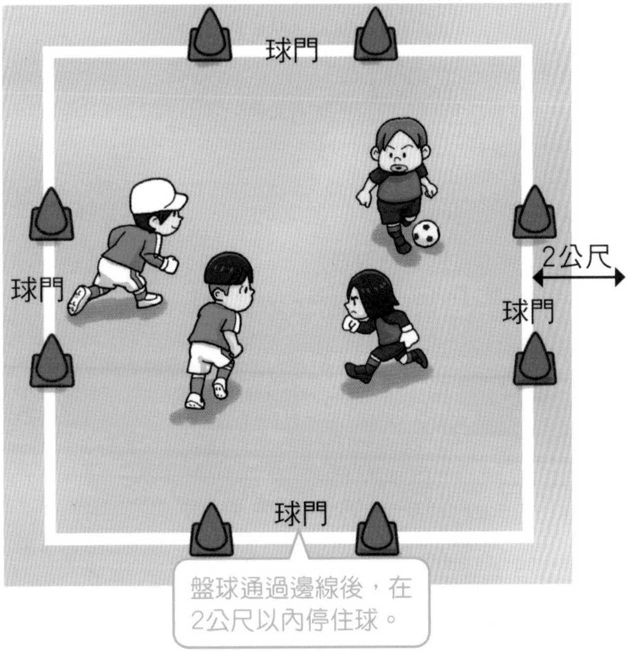

練習方法

一隊二人，比賽時間十五至二十分鐘。

在大小二十公尺見方的球場中，用三角錐擺出四個球門。每隊各選二個球門，盤球通過球門後，若能在距離邊線二公尺以內停住球就得一分。

規則也可以不是盤球通過球門，而是讓球通過球門就得一分。

三球門比賽

瞄準三個球門，三支隊伍以快節奏活動。

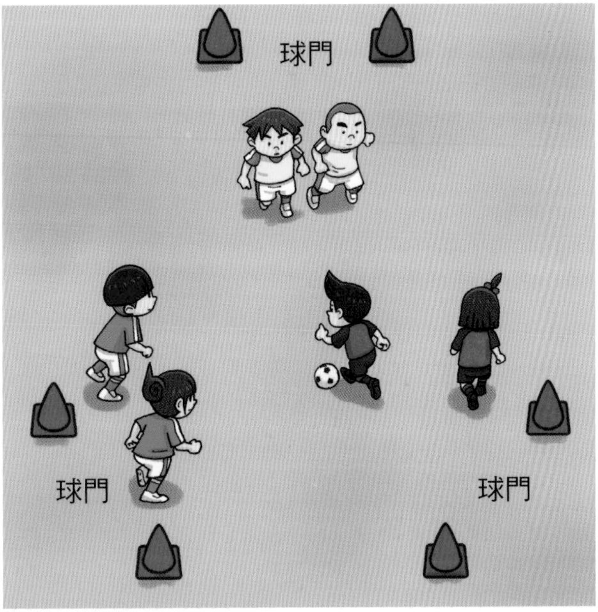

練習方法

一隊二人，共分三支隊伍。比賽時間為二十至三十分鐘。不用特地規範出球場的範圍，用三角錐擺出三個球門就好。無論踢進哪個球門都可以。

我方隊伍持球時，必須面對二支敵隊，狀況很不利。必須在被對手包圍之前，迅速判斷要瞄準哪個球門。

來練習！

踢中三角錐迷你比賽

球門有四個。保持冷靜，好好瞄準容易踢中的三角錐。

練習方法

一隊三人以上，比賽時間為十五至二十分鐘。擺好四個三角錐，不用特地規範出球場範圍。球踢中三角錐就得一分，無論踢中哪個三角錐都可以。但是，若球撞上前來阻止踢中三角錐的球員，再反彈撞上三角錐，這種情況則無人得分。

自由球門比賽

接獲通過球門的傳球就得分。需要具備精準傳球的能力。

練習方法

一隊三至六人，比賽時間三十分鐘。在二十公尺見方的球場中，用三角錐擺出彼此的球門。讓球通過球門之間，隊友再用腳停住通過的球，就得一分。球無論從球門前方或後方通過都可以。

三對三出界比賽

踢出球場外的球員就要離場，失誤會造成隊伍陷入不利的迷你比賽。

將球踢到界外的球員必須離場，直到任一方隊伍得分為止。
球門
球門

練習方法　一隊三人，三對三迷你比賽的應用篇。球場大小約寬二十五公尺，長三十公尺。將球踢到界外的選手要退到球場外，直到任一方隊伍得分才能回到球場。

四對四迷你比賽

三對三迷你比賽的升級版。增加人數，更接近正式比賽的迷你比賽。

守門員
球門
守門員
球門

練習方法　一隊加上守門員共四人，球場大小約寬二十五公尺，長三十公尺的迷你比賽。習慣後可以慢慢增加到五人、六人，規則也定得更接近正式比賽。

和隊友一起做！

中場休息

HALF TIME

要怎麼做才能培養速度與力量？

～足球必備的基礎體力②～

接續第六章（P.152），繼續介紹對足球有幫助的訓練菜單。接下來，我們來鍛鍊「速度」與「耐撞的身體」吧！可以和朋友或家人一起比賽，當成玩遊戲一樣投入鍛練，這樣訓練起來更有趣喔！

○ 磨練速度

比賽中，身體必須隨因應對手的行動做出反應。努力學會有節奏且迅速地行動吧！

踩腳

二人一組，面對面與對方雙手交握。聽到號令就開始去踩對方的腳，並移動自己的腳以防被踩。先踩到對方腳的人就贏了。

※做這個練習時要穿運動鞋。

摸膝蓋

二人一組，隔著一定的距離面對面。一聽到號令就開始去碰對方的膝蓋，先摸到的人就贏了。不可以用手妨礙對方觸摸。

蹦跳

將高低不同的物品以相同間隔排成一直線，用一隻腳蹬地跳過去。習慣後可以換個規則，例如改變物品的間隔、用雙腳蹬地跳過去等。

加強與人碰撞時的耐力

踢足球時，一定會遇到要與人推擠碰撞的時候。平時先習慣這種身體接觸，在比賽中會很有用。透過各種相撲遊戲，鍛鍊力氣與平衡感吧！

肩膀相撲

二人一組，以側面相向。在十秒之間用肩膀或推或縮，腳的位置移動的人就輸了。

背部相撲

二人一組，背靠背。在十秒之間用背部或後推或前收，腳的位置移動的人就輸了。

推肩相撲

二人一組，面對面，伸手搭住彼此肩膀。在十秒之間或推或拉對方肩膀，腳的位置移動的人就輸了。

拉扯相撲

二人一組，右手互握。在握著手的狀態下稍微蹲低身體，在十秒之間或推或拉對方的手，腳的位置移動的人就輸了。

單腳相撲

二人一組，隔著一定距離面對面。用單腳邊跳邊互相推擠，先摔倒或兩腳落地的人就輸了。

一定要準備好這些足球用具

只要有球，一個人也能踢足球；但是，要上場比賽就需要各種用具。在此介紹比賽所需的用具。

比賽所需的用具

●守門員　　●其他球員

服裝

需穿戴與其他位置球員不同顏色的制服與手套。

守門員手套

可以防止球滑掉，更容易接住球。

釘鞋

鞋底的釘子有「固定式」與「替換式」等種類，初學者建議選用對腳負擔較小的固定式。從泥土球場到草地球場都能廣泛使用。

服裝

穿著與全隊相同的制服，短袖或長袖皆可。在正式比賽要穿著短褲。

襪子

長度各不同，不過為了蓋過護脛，比賽中都會穿長襪。

護脛

可以預防腳受傷，絕對要戴上。

練習時使用的鞋子

訓練鞋

鞋底為膠製。鞋底的膠墊分成有突起的草皮用膠底，與平坦的室內用膠底。

協助／美津濃股份有限公司

一定要記住這些！ 足球的規則

足球是單純的運動，但也有必須遵守的規則。
要牢記在心，提醒自己公平競技。

球場的名稱

進行足球比賽的場地就是「足球場」。球場各區都有不同的名稱，可以在透過電視收看比賽時一邊記下。

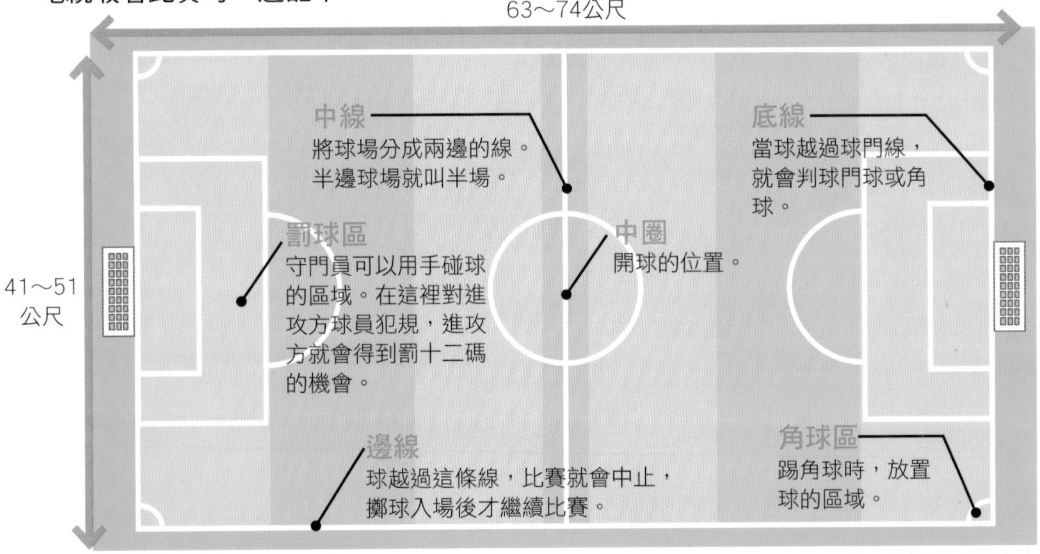
63～74公尺
41～51公尺
中線
將球場分成兩邊的線。半邊球場就叫半場。
底線
當球越過球門線，就會判球門球或角球。
罰球區
守門員可以用手碰球的區域。在這裡對進攻方球員犯規，進攻方就會得到罰十二碼的機會。
中圈
開球的位置。
邊線
球越過這條線，比賽就會中止，擲球入場後才繼續比賽。
角球區
踢角球時，放置球的區域。

※此為8人制的球場大小

比賽的進行方式

八人制的比賽會分各十五至二十分鐘的上下半場，或各十二分鐘的三節比賽。在各節之間有中場時間（休息時間）。一般的十一人制比賽是分成各四十五分鐘的上下半場，半場後會換場。

若比賽時間結束時二隊同分，可能會判平手，或用延長賽、PK戰決定勝負。

延長賽

以短時間進行上下半場，依得分決定勝負。

PK戰

二隊各派三人（十一人制是五人），輪流互射十二碼球，依成功進了多少球來決定勝負。若二隊的三人（或五人）同分，就一直持續到分出勝負。

在球出界時重新開始比賽

球越過邊線或球門線，完全跑到球場外時，就是死球（比賽中止）；但是當球的一部分壓線時，就是活球（比賽繼續）。

死球的判斷

（球場外）
（球場）
死球
完全越過線。
活球
壓在線上。

在出邊線時擲界外球，重新開始比賽

球越過邊線跑到場外時，要用手將球拋入場內，這個動作叫擲界外球。擲界外球的機會很多，所以要學會擲出有利於我方選手控球的球。

球拿在腦後。
腳可以不用併攏，但腳的一部分要踩著地面。

1 兩臂高舉過頭，將球拿在腦後。

2 雙手經過頭往下擺，將球擲往前方。

3 眼睛盯著擲出去的球。注意，腳不能越過邊線。

這點要注意！

腳踩邊線、超越邊線、只擺動手臂將球擲往與身體面向不同的方向、腳離開地面等，這些都算違例，會判對方隊伍擲界外球。

在出球門線時重新開始比賽

以角球重新開始比賽

在對方的半場，球出球門線前最後一個碰觸球的是對方球員，就判給我方球員角球。要從角球區開球。

以球門球重新開始比賽

在對方的半場，球出球門線前最後一個碰觸球的是我方球員，就判給對方球門球。

公平競技與犯規

違反規則就是犯規，比賽會暫時中止，判給對方隊伍自由球。面對惡意犯規的球員，主審會給予黃牌警告。若同一球員在一場比賽中拿到二張黃牌，就會累積成紅牌，該球員必須離場。對於嚴重犯規的球員，主審會直接舉紅牌驅逐離場。

犯規等於是給對手機會，為自己隊伍帶來麻煩。我們必須隨時保持堂堂正正的公平競技精神。

會形成犯規的動作

做出這些犯規動作時，會判給對方球員直接自由球（P.188）。

踢對方球員

絆倒對方球員

跳壓到對方球員身上

激烈碰撞對方球員

用手或手肘攻擊對方球員

用手推對方球員

腳在碰觸球之前先碰到對方球員

抓住對方球員

朝對方球員吐口水

用手或手臂碰觸球

※指守門員以外的球員。

越位

超前守在對方球門前等著而發生違例，就稱越位。具體來說，當對方的半場內、自己的前方沒有二人以上的對方球員，在這個地方（越位位置）接到傳球就會形成越位。不過在我方傳球的瞬間，自己的前方有二位對方球員就不算越位。

會形成越位的行動

越位線

在越位位置接受傳球。

不會形成越位的行動

越位線

接受傳球時不在越位位置。

自由球

從被犯規的位置踢球。分成球直接進入球門就算得分的「直接自由球」，以及進球前有其他選手接觸球才算得分的「間接自由球」。對方球員必須距離球七公尺（十一人制則是九點一五公尺）以上。

十二碼罰球（PK）

若是在罰球區內做出P.187列舉的其中一種犯規動作，就會判給對方隊伍一次罰球。十二碼罰球可以直接瞄準球門。

一定要記住！足球術語解說

在此介紹足球練習、比賽中的常用術語，以及在電視上比賽轉播與報章雜誌上的常見用語。只要把這些用語和踢球時運用的技巧與狀況連結，很容易就能記住喔！

字母

Draw
比賽以平手告終。此外，在日本也指決定大賽分組的抽籤。

Volante
布署在後衛前方的中場，會參與進攻與防守，推動比賽的走向。在日本，通常指防守中場。

2畫

人牆
罰自由球時，排成一列以守住球門的人。

4畫

不停球傳球／射門
不停球，一觸球就直接傳球或射門。

內旋球
一種踢法，球會往球門轉彎。

中場休息
上半場比賽結束後，到下半場比賽開始前的時間。這是球員的休息時間。

支持者
為特定隊伍加油的球迷。

5畫

主場
在根據地或自己國家舉行比賽。

6畫

同城德比
根據地在同區域或是同城市的兩支球隊進行對戰。

向後傳球
傳球給後方的隊友。

地面球
貼地滾動的球。

7畫

助攻
傳球協助隊友得分，亦指傳出助攻球的選手。

盯防
不讓對方球員自由活動，而緊跟住對方的動作。

見球不見人
只顧著看球，眼裡看不到對方球員動作的狀態。

身後空檔
對方球員背後（對方球門方向）的真空地帶。

防守反擊
搶走對方球的同時，迅速朝對方球門發動快攻。

8畫

定位球
自由球、角球等需要暫時中止比賽來進行的球。

板凳球員
替補球員。

直傳
以直線往位於對方球門方向的隊友傳球。

直擊型進攻
盡量不多費工夫與時間，直衝球門的進攻方式。

空檔
不分對手或隊友，場上沒有選手的地方都算。

近側
從持球球員角度看，較接近自己的一側。

長傳
傳球給遠處的選手。

非越位
球場上，未處在越位位置的狀態或區域。

9畫

客場
到交戰隊伍的根據地或對方的國家比賽。

持球
控制著球，不讓對方隊伍搶走。

持球處理
盤球或傳球等持球時的處理動作。

穿越傳球
當隊友跑到對方防守球員背後的空檔時，向隊友傳出銜接到射門的關鍵傳球。

重新開始
比賽中斷後，以擲界外球或自由球等方式重新展開比賽。

10畫

倒掛金鉤
兩腳高舉過頭，將高於頭部的球向後踢出的方法。也稱為「單車射球」。

凌空拋球踢出
守門員將手中的球拋向空中，在球落地之前，用力踢向前場的球員。

凌空踢球
踢球腳抬高至腰附近，踢空中的球。

退防
球被搶走時，全隊球員馬上回到自己的半場防守球門。

11畫

假摔
沒有被犯規，卻裝得好像被犯規。

區域聯防
防守時，每個球員都負責防守一個特定區域。

球權中立
球場上不屬於任何一方球員控制下的球。

眼神溝通
以眼神示意，交換彼此的想法。

魚躍頭槌
整個身體撲出去的頂球。

12畫

場上球員
守門員以外的球員。

提早傳中
進攻時，在對方球員回防前，從距離對方球門遙遠的邊路位置，朝著對方球門傳球給我方隊友。

插上進攻
從持球的球員背後追過該球員，跑到球員前方的空間。

換人
讓場上比賽的一名球員下場，換另一名替補球員上場踢球。

換邊
從球所在的邊路傳到另一邊路。防守球員會聚集在球附近，導致沒有球的另一邊路防守薄弱，所以這個舉動時常能製造出機會。

揮拳擊球
守門員用拳頭擊球解圍。

無人看守
盯防自己的對方球員不在附近。

無球跑動
未持球的跑動。

短角球
踢角球時，短傳給位於角球區附近的隊友。

策應
在對方球員面前接獲直傳後，負責控球或傳球協助進攻的人，或指這樣的傳球。

裁判
英文是「Referee」。負責在場內維持比賽進行的是「主審」，而邊線上的助理裁判除了判定越位、擲界外球以外，也要輔助主審。

越位陷阱
防守戰術的一種，防守球員靠自己的移動控制越位位置（向前場移動），造成對方球員越位。

進攻
發動攻勢，亦指發動攻勢的球員。

開球
踢動置於中圈的球，重新開始比賽。

13畫

傳中
進攻時，從邊路傳球給位於對方球門前方中央的隊友。

傳至前場
將球傳給稍遠處的隊友，讓球被帶到對方球門旁。

傳球後切入
傳球的同時往前方跑，接獲傳球的球員再回傳給跑動的選手，藉此過人。也叫「撞牆傳球」。

傷停時間
若因球員換人、治療傷口等情況使比賽有中止，在上下半場的比賽時間結束後，另外增加的比賽時間。

極危險區域
罰球區外的球門正面部分。

補位
防守球員被進攻球員盤球突破後，其他防守球員馬上接近對方選手。

解圍
盡可能讓球遠離球門，也指將球清出邊線的舉動。用於防守。

14畫

遠側
從持球球員角度看，離自己較遠的一側。

15畫

撲救
守門員擋下失分的動作。

17畫

壓迫
接近對方持球球員並搶走球，或是向對方施壓。

壓迫防守
為了搶走對方持球球員的球，緊密追逼著球的舉動。

18畫

擺脫
從盯防自己的對方防守球員視野中瞬間消失的動作。進攻球員的重要技巧之一。

19畫

邊路
邊線旁的區域。背對我方球門來看，自己的右側稱為右路，左側則稱為左路。

鏟球
用腳來防止持球的對方球員傳球、盤球、射門的一種動作。

20畫

攔截
在對方隊伍進攻時，將對方傳出的球或腳下盤的球搶走。

繼續比賽
比賽繼續進行。

23畫

體能
肌力等身體強度。

漫畫　能田達規

漫畫家。日本愛媛縣人，也是自己家鄉球隊愛媛足球俱樂部的熱情支持者，並為球隊設計了吉祥物。代表作有描寫球隊闖蕩職業足球乙級聯賽的《黃金右腳》、《球團風雲》、《漫畫版三國志》等，為數眾多。

監修　平野 淳（Funroots）

Funroots股份有限公司代表董事。大學畢業後，到歐美留學研修教練資格。除了歐洲足球協會聯盟（UEFA）資格證照以外，也在英國、荷蘭、德國、蘇格蘭、美國等國家取得教練資格證照。現在致力於指導小朋友踢足球等，以各種方式推廣足球。

翻譯　陳姿瑄

國立臺灣大學日本語文學系畢業，在小熊出版的翻譯作品有：《經典圖像小說：莎拉公主》、《經典圖像小說：湯姆歷險記》、《就是愛打棒球！讓你技巧進步的漫畫圖解棒球百科》、《經典圖像小說：羅密歐與茱麗葉》、《經典圖像小說：三劍客》、《經典圖像小說：銀河鐵道之夜》、《小學生志願指南：長大後你想做什麼？立定志向從現在開始！》、《經典圖像小說：阿爾卑斯山的少女》。

審訂　石明謹

臺灣花蓮鳳林人，警官、足球球評、曼徹斯特聯足球俱樂部堅定支持者。曾發行雜誌刊物《足球主義》，講評經歷豐富，除轉播賽事外，也跨足出版、廣播、演講、專欄進行足球推廣，筆名為左岸沉思，球友們常暱稱他左大、左伯伯（左杯杯）、十八歲。

童漫館

讓你技巧進步的漫畫圖解足球百科 就是愛踢足球！

漫畫／能田達規
監修／平野 淳（Funroots）
編劇・編輯協助／大悠社
漫畫協助／夜野權
解說圖／赤花龍
裝訂／修水〔Osami〕
翻譯／陳姿瑄
審訂／石明謹

參考資料

《少年足球〔基礎與進階〕的一切》（主婦之友社）
《U-6親子同樂的兒童足球訓練手冊》（BASEBALL MAGAZINE社）
《最終版！從75種最新訓練法放眼青少年足球 訓練指南》（BASEBALL MAGAZINE社）
《青少年足球聖經2 小學生訓練集》（KANZEN社）
《青少年足球聖經3 小學生訓練集》（KANZEN社）
《學習漫畫／完全圖解 少年足球》（集英社）
《一讀就通的運動漫畫 讓足球突飛猛進！ 上・下》（學研教育出版）

總編輯：鄭如瑤｜文字編輯：姚資竑｜美術編輯：莊芯媚｜印務經理：黃禮賢
社長：郭重興｜發行人兼出版總監：曾大福｜出版與發行：小熊出版・遠足文化事業股份有限公司
地址：231 新北市新店區民權路 108-2 號 9 樓｜電話：02-22181417 ｜傳真：02-86671851
劃撥帳號：19504465 ｜戶名：遠足文化事業股份有限公司｜客服專線：0800-221029
E-mail：littlebear@bookrep.com.tw ｜ Facebook：小熊出版
讀書共和國出版集團網路書店：http://www.bookrep.com.tw
法律顧問：華洋國際專利商標事務所／蘇文生律師｜印製：凱林彩印股份有限公司
初版一刷：2017 年 10 月｜初版十二刷：2022 年 10 月｜定價：420 元｜ ISBN：978-986-95298-1-5

小熊出版官方網頁

國家圖書館出版品預行編目 (CIP) 資料

就是愛踢足球！ 讓你技巧進步的漫畫圖解足球百科 / 能田達規漫畫；平野淳監修；陳姿瑄翻譯. -- 初版. -- 新北市：小熊出版：遠足文化發行, 2017.10
面；　公分. -- (童漫館)
ISBN 978-986-95298-1-5(精裝)
1. 足球 2. 漫畫

528.955　　106013961

MANGA **SOCCER** PRIMER